Escepticismo
Siete lecciones para enfrentarse al mundo actual

Maria Lorenza Chiesara

Escepticismo

Siete lecciones para
enfrentarse al mundo actual

Traducción de Manuel Cuesta

Alianza editorial
El libro de bolsillo

Título original: *Sette brevi lezioni sullo scetticismo*

Primera edición: septiembre de 2025

Diseño de colección: Estrada Design
Diseño de cubierta: Manuel Estrada
Fotografía de cubierta: Javier Ayuso

PAPEL DE FIBRA
CERTIFICADA

© 2023 Giulio Einaudi editore s.p.a., Torino
© de la traducción: Manuel Cuesta Aguirre, 2025
© Alianza Editorial, S. A., 2025
    Calle Valentín Beato, 21
    28037 Madrid
    www.alianzaeditorial.es

ISBN: 979-13-7009-024-1
Depósito legal: M-11896-2025
Printed in Spain

Índice

9   Prólogo

15 I. La «filosofía» de un médico
25 II. Las cosas «oscuras»
39 III. Desorientación y ansiedad
49 IV. La vida de todos los días
61 V. Las ciencias
73 VI. Las pseudociencias
83 VII. La convivencia democrática

93 Epílogo
97 Lecturas para profundizar
105 Notas y fuentes
125 Agradecimientos

Prólogo

Las vacunas ¿verdaderamente conllevan tantos riesgos que es mejor prescindir de ellas? La utilización civil de la energía nuclear ¿a la larga resulta más terrible todavía que las energías fósiles? Y el sistema de votación mayoritario ¿es realmente preferible al sistema proporcional? O bien: ¿es razonable, en un país moderno, dejar los crucifijos en las aulas y no permitir a las chicas musulmanas ponerse el velo en el colegio si son ellas las que quieren?

Cada vez con más frecuencia nos vemos llamados a pronunciarnos sobre cuestiones complejas que requieren conocimientos de los que carecemos, o bien nos encontramos en situaciones que implican tratar con puntos de vista y visiones del mundo fundamentalmente distintos, cuando no con culturas y religiones que proponen valores muy alejados de los nuestros. En el primer caso, la solución consiste siempre en fiarse de los expertos; pero ¿qué hacer cuando los expertos no existen, o cuando no tienen una posición unívoca —o no son del todo objetivos— y la incertidumbre nos desasosiega? En el segundo caso podría ser más fácil tener una opinión... pero cayendo, sin darse cuenta, en prejuicios y preconceptos; o incluso en manipulaciones o bulos que alimentan otra forma de desorientación —o aun de ansiedad— debida al miedo, a la desconfianza y quizás a la intolerancia para con las personas o cosas que no conocemos.

Un modo de no dejarnos apabullar por los dilemas y de no acabar cayendo en ninguna trampa mental —ni en manos de ningún embaucador— podría consistir en estar siempre en guardia frente a lo que se diga sobre el asunto que sea, y en reconocer que en general no nos queda otra que actuar con base en cómo las cosas nos parecen, siendo muy conscientes de que a otros les podrían parecer distintas. Tal *modus operandi* podría proporcionarnos cierta serenidad y permitirnos seguir indagando: mantenernos abiertos y disponibles para resolver, en el plano práctico, las controversias que pudieran surgir entre convicciones diferentes.

Algo muy parecido pensaba ya un médico-filósofo de la segunda mitad del siglo II d. C. llamado Sexto y apodado Empírico. Sexto, nacido probablemente en Queronea —ciudad situada en Beocia, que es una región del centro de Grecia—, escribía en griego y sus libros muestran que conocía muy bien la cultura y la filosofía griegas.

Su nombre, sin embargo, era latino, conque tal vez fuera un exesclavo del mundo romano —o bien el hijo de un esclavo—, lo que explicaría el hecho de que se le vea bien informado también sobre las leyes, los usos y las costumbres romanos y no solo. No está claro dónde viviera y desarrollara su actividad; probablemente no en Atenas, ni en Roma, ni en Alejandría, sino en alguna ciudad cualquiera de las provincias romanas (y a lo mejor por eso no son muchas las noticias que tenemos sobre su vida). Varias fuentes refieren, en cualquier caso, que estudió para ser médico y que ejerció la medicina, extremo que confirman las nociones técnicas que encontramos citadas en sus escritos, así como un par de alusiones a sus *Memorias médicas* (o *empíricas*), que desgraciadamente se han perdido. Es indudable, por tanto, que, de la investigación y de la práctica médica, Sexto poseía un conocimiento más que profundo, hasta el extremo de poder posicionarse en favor de una corriente profesional específica que se asociaba, como el apelativo de él sugiere, a un enfoque de tipo empírico.

Su obra-manifiesto consta de tres libros titulados *Hipotiposis pirrónicas* o *Esbozos pirrónicos*, pero de su producción también nos han llegado íntegramente once libros agrupados bajo el título *Contra los profesores*. De este trabajo, los seis primeros libros se dirigen contra lo que Sexto consideraba las teorizaciones abstrusas, inútiles y discutibles de unos saberes que, sin embargo, se justificaban en el plano práctico —gramática, oratoria, geometría, aritmética, astronomía y música—, mientras que los cinco últimos libros contienen largas y elaboradas críticas de las teorías lógicas, físicas y éticas, que en el siglo II seguían remitiéndose a los grandes filósofos del pasado: a los presocráticos, a Sócrates, a Platón, a Aristóteles, a Epicuro y a los primeros estoicos (Zenón y Crisipo). Las mismas críticas —lo infundado y contradictorio de tales propuestas— reaparecen de manera más coherente y sintética en los libros segundo y tercero de los mencionados *Esbozos*.

El recelo de Sexto hacia cualquier generalización abstracta y arbitraria sigue representando, todavía hoy, un reto y un estímulo para la filosofía y las ciencias. Pero aquí no nos interesan tanto las impugnaciones específicas que este autor dirige a la «presunción y temeridad» de quienes él califica de «dogmáticos». Para nosotros es más útil detenernos concretamente en el libro primero de los *Esbozos*, donde Sexto sugiere no solo a los filósofos y a los científicos, sino a cualquiera que esté desorientado ante el mundo, que mantenga una actitud general de cautela frente a cualquier afirmación pronunciada de manera categórica sobre la realidad. Así podrá comportarse con base en cómo se le presentan las cosas, sabiendo que a otros podrían presentárseles de formas distintas. Y eso podrá proporcionarle a la persona en cuestión, a juicio de Sexto, una serenidad, una calma y una tranquilidad que no le impedirán continuar haciéndose preguntas y debatiendo sobre aquello que tiene alrededor; tampoco adoptar un estilo de vida pragmático, útil y constructivo.

Eso es el escepticismo —de *skepsis*, que en griego significa «pesquisa» o «indagación»— en su forma originaria, cuya maduración en el mundo grecoparlante se produjo precisamente con Sexto Empírico. Hoy también se califican de «escépticas», en ocasiones, posiciones filosóficas o simplemente existenciales como el relativismo o el nihilismo, que en determinados aspectos son efectivamente afines al escepticismo, pero que, como veremos, desde el punto de vista de la sustancia son distintas. De ahí que, en una introducción al escepticismo como la que quisiéramos presentar aquí, parezca oportuno volver a sus raíces.

I. La «filosofía» de un médico

Lo que Sexto presenta no es un cuerpo de doctrinas. No refleja ninguna visión precisa del mundo ni del hombre, como tampoco contiene ningún conjunto específico de preceptos de comportamiento universalmente válidos. Sexto describe, antes bien, una manera de pensar y de vivir que, a juicio suyo, permite gestionar esa desorientación —cuando no ansiedad— que viene dada por lo múltiple y contradictorio de los modos en que las cosas se presentan. Por otra parte, también como médico se declara Sexto más interesado en curar que en inquirir las causas de las enfermedades. Lo cual tampoco resulta tan extraño, teniendo en cuenta que en su época no existían los instrumentos de observación y las tecnologías de análisis con que podemos contar hoy.

De manera que la «filosofía» de Sexto es, ante todo, una práctica que puede llevar a vivir sin demasiadas congojas la complejidad y discordancia del mundo. Dicha práctica consiste primeramente en ejercer, sobre lo que se dice de las cosas, una capacidad crítica articulada. Observando que las mismas cosas se le pueden presentar a cada uno de nosotros de formas no solo variadas y distintas, sino incluso contrapuestas —y, no obstante, igualmente persuasivas—, Sexto en sus escritos nos recomienda mantenernos continuamente alerta frente a cualquier opinión o teoría —nuestra o ajena— que pretenda pronunciarse sobre la realidad más allá de los diversos modos en que la misma se presenta. Consideradas desde el punto de vista de su constitución y valor intrínsecos, las cosas son, en efecto, «oscuras» —o, por lo menos, no están claras—, y, si se examinan bien, inducen a dejar en suspenso el juicio, el dictamen. En uno de sus típicos ejemplos, Sexto no niega que la miel, a él, se le antoje dulce. Teniendo en cuenta, sin embargo, que a quien sufre ictericia se le antoja amarga, él no va a decir que la miel es dulce, ni se va a pronunciar sobre las características esenciales de la miel. Porque ni siquiera cuando las cosas se les presentan del mismo modo a cuantos parece que se hallan en condiciones idénticas —o a la mayoría de las personas, o incluso a la mayoría de los científicos—, ni siquiera entonces hay que dar por hecho que ese modo de presentarse de las cosas refleje la realidad última de las mismas. A los animales, de hecho —y el ejemplo vuelve a ser de Sexto, como veremos después—, las mismas cosas diríase que se les presentan distintamente que a nosotros. Pero, dejando a los animales al margen, el problema se plantea sobre todo en el ámbito de los valores. El dinero y la fama —por dar un caso— pueden parecerle a alguien objetivos dignos de perseguirse, mientras que otro puede tenerlos por cosas que más vale evitar. ¿Cómo hacer, entonces, para decir si el dinero y la fama son bienes o males en sí mismos?

Dejar en suspenso el juicio sobre cómo son las cosas en sí mismas no significa desentenderse de todo y de todos, ni quedarse bloqueado y paralizado en el pensamiento y en la acción. Ya hemos dicho que Sexto era médico. Sería, por tanto, un hombre activo en el seno de una comunidad y en absoluto indiferente; dedicado al prójimo, antes bien, sin consideración de su interés personal. No parece que fuera rico o famoso, ni que creyera en ninguna recompensa en el más allá. Como médico pensaba, en primer lugar, que considerar los distintos modos en que las cosas se presentan, y aceptar la suspensión del juicio sobre cómo son en sí mismas, podría liberarnos de esa desorientación y de esa ansiedad que lo múltiple y contradictorio de las cosas provoca en nosotros. Pensaba asimismo que semejante actitud no solamente nos permitiría seguir haciéndonos preguntas con calma y debatir de manera tranquila con los demás, sino también movernos serenamente por el mundo y afrontar su complejidad y discordancia.

Son tres los elementos de la cura que este médico nos sugiere si queremos vivir y actuar de una forma deseable y útil para nosotros mismos y para los demás, ateniéndonos al modo en que las cosas se nos presentan. El primer elemento consiste en ejercer la *skepsis* —tema de la próxima lección—, que en el caso de Sexto es precisamente la capacidad de contraponer o evidenciar, conforme a determinados esquemas de razonamiento, los distintos modos en que las cosas pueden presentarse. De «escéptico» empezaba a calificarse, en época de Sexto, también al tipo de reflexión sobre los límites del conocimiento que llevó a cabo, entre los siglos III y I a. C., sobre todo la escuela filosófica que fundara Platón; pero los miembros de la academia platónica de aquella época no se autodenominaban «escépticos», y, si bien anticiparon algunos razonamientos que reaparecen en Sexto, los presupuestos de los que partían eran distintos y llevaban a conclusiones también diferentes, hasta el punto de que Sexto, en sus escritos, se preocupa mucho por distanciarse de ellos.

El segundo elemento de la cura —tema de la lección tercera— sigue al primero en la medida en que la indagación escéptica nos lleva a dejar en suspenso el juicio (*epoché*) sobre las cosas «oscuras». Tal suspensión puede conllevar, a su vez, esa serenidad, calma y tranquilidad que Sexto espera proporcionarnos y con la cual podemos continuar con nuestras pesquisas y con nuestra vida.

El tercer elemento —tema de las lecciones cuarta, quinta y sexta— prevé, en efecto, una existencia que respete el modo en que las cosas se nos presentan —los «fenómenos», de *phainomai*, que quiere decir precisamente «manifestarse», «aparecerse»— y que siga de manera «no dogmática» las indicaciones de la «vida corriente». Lo cual significa, en un plano más concreto, atenerse a:

1. La guía de la naturaleza inmediata y observable de las cosas.
2. Nuestras reacciones espontáneas a las mismas.
3. La tradición de las leyes y costumbres de los lugares en que vivimos.
4. Las enseñanzas de las *technai*, término que en época de Sexto se refería a cualquier saber práctico, bien circunscrito y consolidado, del ámbito de las artes o de lo que hoy llamamos las «ciencias», por ejemplo la medicina o la astronomía.

En la séptima y última lección, veremos si todo eso puede ser suficiente, útil y ventajoso —y de qué modo puede serlo— no solo para cada uno de nosotros, sino también para la comunidad en que vivimos.

Sexto dice que su escepticismo puede describirse con cuatro adjetivos. El primero es «investigativo» (para indicar la disposición a indagar sobre cualquier cosa); el segundo es «suspensivo» (para indicar el estado mental al que nos vemos conducidos tras la indagación); el tercero es «aporético-dubitativo» (para indicar la continua reticencia del escéptico a pronunciarse sobre la realidad de las cosas, así como la propensión del mismo a indagar siempre, y también la circunspección con la que expone incluso sus propias posturas), y el cuarto adjetivo es «pirroniano», debido a que habría sido Pirrón de Elis —cuya vida transcurrió entre los siglos IV y III a. C.— quien en mayor medida «dio cuerpo y expresión» a dicho escepticismo de Sexto. El cual sabe perfectamente que otros pensadores más antiguos y famosos habían señalado los límites del saber humano y habían reflexionado sobre ellos, pero considera que Pirrón encarnó y representó más que nadie la manera de vivir escéptica.

Pirrón había sido, en el mundo griego, verdaderamente una figura ejemplar —y en muchos sentidos fuera de lo común— sobre la cual merece la pena que nos detengamos un instante. Nació en torno al año 360 a. C. en Elis —en el Peloponeso—, pocos años antes que el rey macedonio Alejandro Magno. De joven fue artista, pintor; pero, según parece, no se le daba muy bien el asunto de retratar la realidad. Intentando quizás comprender por qué esta se le resistía, empezó a dedicarse a estudios literarios y filosóficos, mostrando una especial predilección por los versos de Homero sobre la precariedad de la vida, y también por el pensamiento de Demócrito. Hacía ya un siglo que este último había elaborado una primera forma de atomismo para reconducir a un elemento común —el átomo, precisamente— las variadas y distintas manifestaciones de la naturaleza, incluido el hombre. Pirrón, que sería una persona dotada de una gran curiosidad, más adelante decidió participar, en calidad de cronista, en la expedición de Alejandro a la India. A su regreso, un joven exbailarín, mimo y coreuta llamado Timón —nacido en Fliunte, en el Peloponeso nororiental— le preguntó un día cuál era el camino que llevaba a la felicidad. La respuesta fue que las cosas, por más que parezcan distintas entre ellas, «carecen de diferencias, de estabilidad, de discriminación; de ahí que ni nuestras sensaciones, ni nuestras opiniones, sean verdaderas o falsas». Se trata, por tanto, de no darles crédito, manteniendo en cambio un desapego y diciendo, de cada cosa específica, que «es no más de lo que no es; o bien que es y no es; o bien que ni es, ni no es». Timón sacó la conclusión de que eso había de llevar a la persona a dejar de pronunciarse sobre las cosas, y a un (deseable) estado de imperturbabilidad.

Pirrón es famoso, en efecto, por haberse mantenido alejado de cualquier discusión más o menos teórica, por haber llevado una vida sencillísima y por haber empezado a practicar una forma de imperturbabilidad radical y extrema frente a los inconvenientes de la vida. Es verosímil que aprendiera en la India dicha forma de imperturbabilidad, pues allí presenció la muerte del asceta Calano, quien se inmoló en la hoguera —no sabemos bien por qué— de su propia voluntad y sin un lamento delante del ejército de Alejandro. La impasibilidad de Pirrón —que le hacía mantenerse «entero frente a cualquier cosa, ya se tratara de carros, precipicios o perros»— hizo de él un ser excepcional a ojos de quienes lo conocían, un maestro espiritual tan libre de presunción, engreimiento o vanidad, como venerado en su patria (hasta el punto de ser elegido sumo sacerdote). Su ciudad natal le dedicó incluso una estatua, y en homenaje a él se dispuso por ley que todos los filósofos quedaran exentos de impuestos.

El propio Pirrón reconocía, sin embargo, la dificultad de evitar reacciones instintivas como, por ejemplo, subirse a un árbol si le persigue a uno un perro, o bien enfadarse cuando un amigo incumple una promesa. De ahí que luego Sexto no hable de impasibilidad absoluta, sino de formas de desapego más practicables, útiles y ventajosas para todos nosotros. Del mismo modo abandonará la premisa atomista en que se basa la afirmación de Pirrón de que las diferencias entre las cosas no son sino aparentes —por ser indemostrable dicha premisa desde el punto de vista empírico, al menos en época de Sexto—, y partirá simplemente de la observación de que las cosas se le presentan a cada quien de un modo distinto, sin que se haya encontrado hasta el momento, si es que tal cosa es posible, la manera de decidir si uno de esos modos se corresponde —y en su caso, cuál— con la realidad misma de las cosas. Por tales motivos, los estudiosos de la Antigüedad hoy hablan de «neopirronismo» con referencia a Sexto. (También con referencia a los pirronianos que precedieron a este desde el siglo I a. C., unos pensadores cuyos trabajos no conservamos, pero de quienes Sexto nos transmite, en sus propios libros, trazas significativas). Nosotros, sin embargo, utilizaremos los términos «escepticismo» y «pirronismo» indistintamente para recordar, como hace Sexto, ese comportamiento que Pirrón habría encarnado y representado más y mejor que nadie.

Empecemos, por tanto, a profundizar en las recomendaciones de nuestro médico, que deberían ayudarnos a afrontar, por ese orden, las cosas «oscuras» (capítulo segundo), la desorientación y ansiedad que dichas cosas provocan (capítulo tercero), la vida práctica de todos los días (capítulo cuarto), una actividad profesional útil (capítulos quinto y sexto) y la convivencia con el prójimo (capítulo séptimo).

II. Las cosas «oscuras»

¿Por qué tendríamos que pensar que nuestras percepciones sensoriales revelan la realidad de las cosas más que las de otra persona o más que las de un animal? ¿O por qué tendríamos que reducir la realidad de las cosas a las cualidades que nuestros sentidos consiguen captar? ¿O decidir que los juicios de un anciano tienen más fundamento que los de un joven? ¿O concluir que la característica constitutiva del coral es ser blando aunque al aire se endurezca? ¿Que el vino es saludable aunque a partir de cierto número de copas pueda hacer daño al hígado? ¿Que un sonido es débil aunque en el agua se oiga fuerte? ¿Y en general ignorar que todo se nos presenta en términos relativos, también respecto a la frecuencia o infrecuencia de los acontecimientos y respecto a la leyes, creencias y costumbres de las comunidades en que vivimos?

Estos interrogantes se corresponden con la primera serie de diez esquemas de razonamiento con los cuales podemos ejercer —según Sexto— la *skepsis*, constatando y acotando las contraposiciones «de las cosas que se presentan tanto a los sentidos, como a la razón, de manera igualmente persuasiva». Sexto luego propondrá una segunda serie de esquemas de razonamiento para mostrar la dificultad de establecer si alguno de los distintos modos en que las cosas se presentan se corresponde —y en su caso, cuál— con la realidad de las mismas, y a todos estos esquemas de razonamiento los llama, genéricamente, «tropos» —es decir: modos— de la suspensión del juicio. La primera serie se remonta a escépticos «más antiguos», y sabemos por otras fuentes que una primera sistematización de la *skepsis* fue expuesta por Enesidemo de Cnosos, quien «restituyó su esplendor, en Alejandría» al pensamiento de Pirrón en el siglo I a. C. De ahí que a estos primeros tropos se les diga comúnmente «de Enesidemo», por más que algunas de las consideraciones que incluyen tengan probablemente orígenes más antiguos.

El orden en que se enumeran los tropos de Enesidemo-Sexto parece un poco aleatorio, pero en líneas generales es posible distinguirlos según se refieran al sujeto de las percepciones, al objeto de estas, o bien a ambos. Estos esquemas de razonamiento parecen, además, a primera vista ingenuos y superados; pero en realidad suscitan dificultades fundamentales que siguen representando, todavía hoy, un reto y un estímulo no solo para el razonamiento común, sino también para la filosofía y las ciencias. Por eso vale la pena detenerse en las cuestiones más interesantes que tales *tropoi* continúan planteando, a cuyo efecto partiremos de algunos de los múltiples ejemplos que Sexto aduce.

En el primer tropo, Sexto señala que las mismas cosas no producen los mismos efectos en las distintas especies animales —incluida la humana—, y que eso se debe a las diferentes constituciones físicas y a las diferentes conformaciones de los órganos sensoriales. Los ojos de las distintas especies, por ejemplo, tienen —dice Sexto— curvaturas variadas y reflejan, «a la manera de espejos distintos», las cosas de modos diferentes. Y, así, ¿por qué iba a corresponderse más con la realidad de las cosas lo que vemos nosotros? Otro tanto rige para el resto de los sentidos, y actualmente ha sido confirmado tanto por la psicología comparada como por la etología cognitiva que cada especie capta determinados aspectos de las cosas. En cuanto a la cicuta —prosigue Sexto—, es veneno para los humanos, pero «engorda a las codornices». ¿Cabe inferir que la cicuta es nociva en sí misma? Por poner un ejemplo más moderno: el paracetamol —que administramos incluso a los niños— es tóxico para los animales. ¿Es, por tanto, en sí mismo una medicina? La pregunta no es ociosa, porque tiene que ver con la cuestión de la utilidad —dejando al margen la eticidad— de realizar experimentos farmacológicos con animales. Tal vez no sea, en efecto, solamente inmoral torturar a los animales hasta poner en peligro su vida, sino que en muchos casos puede ser, además, estúpido.

En el segundo tropo, Sexto subraya que también entre los hombres existen constituciones físicas distintas por cuya virtud no reaccionamos a las mismas cosas de la misma manera. Alguien digiere, por ejemplo, mejor la carne, mientras que otros digieren mejor el pescado. ¿Cómo afirmar, entonces, que el pescado es intrínsecamente más digestible que la carne? De hecho, hoy en día los dietistas más avanzados no prescriben las mismas comidas a todo el mundo de forma indiscriminada, porque efectivamente no parece que este o aquel alimento siente bien a todas las personas siempre. A lo sumo parece sentar bien a la mayoría de los individuos que presentan características físicas análogas, pero eso no basta para calificar al alimento en cuestión de «saludable» o «útil» en términos absolutos, ya que siempre podría haber excepciones incluso relevantes.

En el tercer tropo, Sexto observa que nuestros distintos órganos sensoriales dan respuestas igualmente distintas sobre las cosas: una manzana es dulce al gusto; amarilla, verde o roja a la vista y fragante al olfato. ¿Cómo podemos saber, entonces, si posee solamente esas cualidades o si posee una única cualidad que se presenta de manera distinta a los diferentes órganos sensoriales, o bien si posee más cualidades aparte de las que se nos presentan a nosotros y algunas no las percibimos? Algo parecido probablemente sigan preguntándose los físicos actuales a medida que nuevos instrumentos van permitiendo observar, directa o indirectamente, el comportamiento de átomos, electrones, partículas y ondas, cuantos, bosones, etc.

En el cuarto tropo, Sexto va más allá de la constitución física de base y se plantea las distintas circunstancias —o, mejor dicho, condiciones— que influyen en nuestras percepciones: si estamos sanos o enfermos, si somos jóvenes o viejos, si estamos encolerizados o tranquilos, en situación de penuria o de riqueza, en estado de embriaguez o sobrios; si somos valientes o asustadizos, si nos duele algo o estamos contentos, etc. El punto de partida sigue siendo siempre la fisiología humana: la misma agua que para un enfermo quema, no quema para una persona que goza de buena salud; la misma temperatura del aire se les antoja fría a los ancianos, y templada a quienes se hallan en la flor de la edad; la misma comida que disgusta al ahíto, puede resultarle atractiva al hambriento. Sexto, sin embargo —igual que muchos psicólogos actuales—, examina desde una perspectiva «naturalista» no solo el plano físico, sino también el emotivo, psicológico e incluso mental, porque también dice que, quien tiene un temperamento valiente, no ve las cosas de la misma forma que quien es más medroso; y que lo mismo le ocurre a quien está alterado, preocupado o sufriendo por alguna cosa respecto a quien está, por el contrario, relajado. Son aspectos, todos estos, que a veces nos olvidamos de tener presentes, pero que nos hacen correr el riesgo de cometer grandes errores e influyen en nosotros cuando tomamos decisiones.

En el quinto tropo, Sexto deja de centrarse exclusivamente en los sujetos de la percepción y pasa a examinar las distintas condiciones en que se encuentran los objetos (condiciones relativas concretamente a la distancia, al lugar y al modo en que está situado el objeto en cuestión respecto del sujeto). Una observación efectuada desde lejos da resultados distintos de los de una observación efectuada desde cerca, porque, cuanto mayor es la distancia que separa de su objeto al sujeto de la percepción, mayor es la variabilidad de la percepción misma. Y, así, el mismo barco que, de lejos, se antoja pequeño e inmóvil, de cerca se antoja grande y en movimiento; y la misma torre que, de lejos, se antoja redonda, se presenta cuadrangular si se observa desde una distancia de pocos metros. A primera vista, estos ejemplos parecen poco significativos; pero si pensamos en la posibilidad de observar los objetos a través de microscopios (o telescopios) de distintas potencias, podemos preguntarnos cuál es la distancia que muestra la realidad última de los objetos observados. Porque todas las observaciones son reales, pero no necesariamente muestran la realidad de las cosas. En lo que se refiere a los lugares, el mismo remo se antoja tronchado si está dentro del agua y derecho si está fuera, mientras que la misma llama se ve más luminosa en la oscuridad que en la luz. En cuanto a la posición del objeto, Sexto tiene en mente, en concreto, la inclinación, por cuya virtud la misma figura se antoja plana, vista desde lo alto, si está tumbada, pero presenta concavidades y protuberancias si se inclina. Y «el cuello de las palomas resulta de color distinto según cómo se doble». Hoy, naturalmente, el estudio de la perspectiva y la ciencia de la óptica nos explican el porqué de estos fenómenos; pero eso no quita que los remos, cuando están dentro del agua, nos sigan pareciendo tronchados —aunque en verdad no lo estén—, ni que el cuello de las palomas presente un color cambiante.

El sexto tropo trata de la «mezcla» y se centra en el hecho de que ningún objeto es percibido de manera aislada, sino siempre junto con el medio en que se halla inmerso. En primer lugar —dice Sexto— junto con el aire que lo rodea; y, si la cualidad de ese aire cambia, otro tanto ocurre con la percepción del correspondiente objeto. El mismo olor, por dar un caso, se percibe con mayor intensidad si el ambiente es húmedo; y la misma voz suena distinta si se habla al aire libre o en un espacio cerrado, mientras que en el agua los sonidos se propagan con mucha mayor rapidez. También aquí tiene mucho que decir actualmente la ciencia, pero no niega el hecho de que la realidad de múltiples fenómenos físicos resulta difícil de captar sin tener en cuenta el medio en el cual se producen.

El séptimo tropo habla de la cantidad y composición de los elementos constitutivos de los objetos. «Cantidad» y «composición» no son sinónimos, pero el planteamiento es que ambas inciden en las características cualitativas de las cosas. Por ejemplo: muchas cosas que se consideran útiles —incluidos los fármacos y sus componentes— se vuelven nocivas si se aplican exageradamente, conque no cabe afirmar que su cualidad esencial sea buena o mala. Incluso el simple vino, si se bebe en la medida adecuada, resulta beneficioso, mientras que, si se toma en mayores cantidades, pasa a ser perjudicial. La comida, del mismo modo, si es demasiada deja de hacer bien al organismo y, de hecho, lo daña. Y «la proporción exacta de los elementos de un preparado forma un compuesto útil, pero, si se pasa por alto una variación incluso mínima de la balanza, se obtiene un compuesto que no solo deja de ser útil, sino que a menudo se vuelve extremadamente lesivo, hasta el punto de resultar letal». En general sabemos bien que, cuando algo aumenta cuantitativamente hasta superar determinado límite, cambia asimismo cualitativamente.

En el octavo tropo, Sexto recapitula un poco su razonamiento, declarando que cualquier cosa puede aparecerse distinta con relación no solo al sujeto que la percibe, sino también al contexto y a los modos en que el objeto es percibido; y que esos diversos modos en que una misma cosa se presenta, tienen la misma fuerza persuasiva. Sin embargo, Sexto no es un relativista, porque él no concluye que cada cosa sea como a cada quien se le aparece. Nuestro médico no cree, en efecto, que la miel —por dar un caso—, en la medida en que a la mayoría de las personas les resulta dulce, pero a las que sufren ictericia les resulta amarga, sea ora dulce, ora amarga (según quién la pruebe). Para Sexto, ese hecho de que la miel se le antoje dulce a la mayoría de la gente, y amarga a quien sufre ictericia, significa que no se sabe si la miel es dulce, amarga, ambas cosas o ninguna de las dos. Tal diferencia resulta particularmente significativa cuando se habla de valores, y más adelante veremos cómo Sexto propone afrontar la pluralidad de sensaciones y pensamientos atendiendo a los sujetos, a las situaciones o a los momentos en que tienen lugar las percepciones (después de haber suspendido el juicio sobre las cosas «oscuras» de las que dichas percepciones derivan).

En el noveno tropo, Sexto añade la consideración de que la infrecuencia o frecuencia de los hechos incide en la manera en que los percibimos: un terremoto no asusta igual a quien lo experimenta por primera vez y a quien lo ha vivido varias veces y, de algún modo, se ha preparado al efecto (como actualmente ocurre con los japoneses). Análogamente, la visión del mar no hace la misma impresión en quien lo ve por vez primera y en quien vive cerca de la costa, mientras que el oro se considera tan valioso porque es difícil de encontrar. Sexto se pregunta, por tanto, si verdaderamente cabe atribuir al oro un gran valor y concluye (de manera terriblemente premonitoria): «Imaginemos que el agua escaseara. Se nos antojaría inmensamente más valiosa que cuantas otras cosas parecen serlo».

El décimo tropo se detiene en lo que Sexto denomina «hechos morales», y es notorio que los distintos grupos humanos tienen por correctas o equivocadas cosas diferentes con base en sus costumbres y usos, leyes, creencias tradicionales y convicciones éticas y filosóficas. A este extremo, Sexto le dedica mucho espacio, aduciendo ejemplos de diversos tipos: algunas poblaciones tatúan a sus niños, y otras no; a algunas les gusta vestirse con muchos colores, y a otras no; en algunas zonas, quien ha renunciado a la riqueza de su padre no debe responder de las deudas del mismo, mientras que en otras zonas sí; en algunas culturas se practican sacrificios humanos, mientras que para la mayoría de los hombres se trata de una aberración; este cree en una divinidad, y aquel en otra (antropomorfa o no); uno cree que el alma muere con el cuerpo, mientras que para otros le sobrevive; hay quien vive para la gloria, y hay quien la teme. Más adelante veremos que, en opinión de Sexto, también en este caso podemos remitirnos a los distintos sistemas de valores y a las distintas búsquedas de sentido una vez dejado en suspenso el juicio. De momento nos interesa poner de relieve el carácter equivalente de la fuerza persuasiva de los distintos sistemas, así como la dificultad de demostrar la superioridad de uno sobre otro.

Justo después de exponer los tropos de Enesidemo, Sexto atribuye, en efecto, a escépticos «más recientes» —entre los cuales estaría un tal Agripa, por lo demás desconocido— la elaboración de otros cinco tropos «complementarios» que someten a examen no tanto la variabilidad y el desacuerdo de percepciones sensoriales, creencias y opiniones de fuerza persuasiva equivalente, sino los razonamientos con los que se intenta justificar una u otra posición sobre la realidad de las cosas.

A cualquier razonamiento se le puede contraponer, según Agripa-Sexto, un razonamiento opuesto —el tropo de la discordancia— sin que haya lugar para decidir entre ambos, dado que cualquier razonamiento utilizado con tal fin se basaría en premisas basadas en otras premisas que reposarían, a su vez, en más premisas y así sucesivamente (regresión infinita); o bien se fundaría en premisas subjetivas (relatividad) o pendientes de verificar (hipoteticidad), cuando no en la conclusión de la demostración misma (circularidad, fenómeno que es habitual se verifique con la deducción de casos particulares desde premisas generales que contienen implícitamente la conclusión, por ejemplo cuando se busca demostrar que existe lo verdadero y se da por descontado que existen demostraciones verdaderas). La consecuencia es que cualquier razonamiento sobre cómo son las cosas en sí mismas, o bien es débil, o bien es infundado. La solución sería, naturalmente, que un razonamiento reposara en premisas que resultaran inmediatamente obvias para todo el mundo de la misma forma, y además que se correspondieran con la realidad de las cosas; pero eso, con base en los tropos de Enesidemo, no se verifica.

Al final del discurso, Sexto resume estas dos series de tropos en otros dos esquemas más «elementales», basados en el hecho de que las cosas se comprenden o bien inmediatamente en sí mismas, o bien con base en otra cosa diferente. Sin embargo —concluye—, la contraposición de las percepciones (sensoriales o intelectivas) muestra que comprendemos las cosas de manera solamente relativa y que, si cada cosa se comprende con base en otra cosa diferente, entonces esta otra cosa diferente tendrá también que comprenderse con base en otra cosa a su vez distinta, y así sucesivamente hasta el infinito salvo que nos mantengamos en el plano de lo hipotético, o presumamos lo que queremos demostrar. Hoy la práctica científica dispone, por supuesto, de algunas premisas más sólidas que otras, en la medida en que ha vuelto visibles o mensurables, para muchas personas, multitud de cosas que en época de Sexto no lo eran (por ejemplo los átomos). Pero ni siquiera los átomos representan —como antes recordábamos— la constitución última de la materia, y a tal efecto es mucho lo que permanece «oscuro». De manera que el científico nunca deja de hacerse preguntas —igual que el escéptico— sobre la realidad de las cosas, porque toda observación se puede siempre afinar o revisar. Y precisamente porque se trata de un proceso desarrollado por una comunidad diversificada de observadores que están dispuestos a debatir entre ellos, podemos fiarnos de la ciencia.

Sobre todo en el plano de los valores, corremos el riesgo de quedarnos atascados en visiones del mundo prejuiciosas y es difícil pronunciarse de maneras que no sean estrictamente personales, subjetivas. Ahí la ciencia puede ayudarnos hasta cierto punto, como muestran las discusiones sobre grandes temas complicados como los del inicio y el final de la vida, que dependen de presupuestos y maneras de sentir aparentemente inconciliables. Hay quien considera, en efecto, que el embrión es vida, se mire como se mire; que lo mismo rige para el estado vegetativo del enfermo, y que ambos han de preservarse a toda costa. En tales casos, como veremos en el próximo capítulo, dejar en suspenso el juicio —aceptar de manera explícita que no estamos en condiciones de establecer definitivamente si poder interrumpir un embarazo o desconectar una máquina es bueno o malo en sí mismo, justo o injusto en términos absolutos—, hacer eso podría inesperadamente tranquilizarnos y permitirnos realizar aportaciones reposadas y serenas al debate, a fin de que a todos los pareceres se les reconozcan iguales derechos.

III. Desorientación y ansiedad

Dicen que Apeles estaba pintando un caballo y quería reproducir la espuma de su boca, pero, al no conseguirlo, desistió, agarró la esponja que utilizaba para quitar los colores del pincel y la arrojó contra el lienzo. Y cuando la esponja golpeó la tela, dejó una señal que semejaba espuma. Del mismo modo, los escépticos esperaban alcanzar la imperturbabilidad resolviendo las contradicciones existentes entre los datos de los sentidos y los datos de la razón, pero, al no conseguirlo, dejaron en suspenso el juicio. Y cuando dejaron en suspenso el juicio, la imperturbabilidad siguió casi por casualidad, como la sombra al cuerpo.

Con esta metáfora, Sexto quiere explicarnos cómo el ejercicio de la *skepsis* —que nos lleva a dejar en suspenso el juicio sobre la realidad de las cosas— nos permite liberarnos de esa desorientación y esa ansiedad a las que da lugar el carácter múltiple y contradictorio de los distintos modos —igualmente persuasivos— en que las cosas se manifiestan. A primera vista, la imagen provoca cierta perplejidad. Parece, en efecto, que la suspensión del juicio llevase aparejado un gran desasosiego seguido de un auténtico arrebato de cólera, y se pregunta una cómo pueda derivar, de tal clase de emoción, esa imperturbabilidad (*ataraxia*) de la que habla Sexto; también en qué consiste realmente ese estado de no turbación.

Es fácil imaginar que encontrarse ante la necesidad de suspender el juicio pueda generar cierta dosis de frustración; y que la frustración derive en cólera. Menos fácil es pensar que dar salida a la cólera lleve automáticamente a la anulación de la misma. Muy a menudo ocurre, sin embargo, justamente eso: que, cuando nos desahogamos después de estar en tensión por algo, quedamos de pronto tranquilos. Y, así, Sexto con su relato podría estar queriéndonos decir, sencillamente, que puede suceder que superemos, de manera inesperada, la desorientación y la ansiedad provocadas por el carácter múltiple y contradictorio de los modos en que las cosas se presentan si, tras ejercer la *skepsis*, terminamos dejando en suspenso el juicio sobre cómo son las cosas en sí mismas. La anécdota del pintor Apeles podría significar, con otras palabras, que emperrarse en intentar definir la realidad no resuelve nada, mientras que, si nos rendimos y nos contentamos con cómo nos parecen las cosas, podemos experimentar, de forma súbita e involuntaria, ese estado de calma, serenidad y tranquilidad al que queríamos llegar por otras vías. Lo cual no ha de impedirnos ni continuar con nuestras indagaciones —como dice en varias ocasiones Sexto—, ni seguir con nuestra vida, como veremos mejor en el próximo capítulo.

Todo eso parece que sucede especialmente cuando nos hallamos ante dilemas morales que se antojan irresolubles: cuando nos parece imposible decidir entre dos opciones opuestas. Un ejemplo que está por desgracia a la orden del día es el del pequeño empresario que debe elegir entre despedir a algunos empleados o poner en peligro la supervivencia de su negocio y, por tanto, la de cuantos en él trabajan. En semejante caso, si no hay otras posibilidades, aceptar que no parece existir una solución verdaderamente justa podría tranquilizar al empresario en cuestión e inducirlo a afrontar el problema de manera sosegada, tratando de imaginar las consecuencias de ambas opciones. En tales términos, una de las dos decisiones podría acabar antojándosele menos grave e irremediable que la otra, lo que no le impedirá seguir razonando serenamente sobre el modo de mitigar los efectos de dicha solución ayudando a los trabajadores a recolocarse y asistiéndolos durante un tiempo.

Por otra parte, el hecho de que la imperturbabilidad siga «casi por casualidad, como la sombra al cuerpo», quiere decir que no es algo que podamos conseguir con un acto de la voluntad. Se trata, antes bien, de algo que puede sobrevenir... o no sobrevenir. No hay que darla, así, por segura o descontada. Porque lanzar la esponja podría arruinar el cuadro y, metáforas aparte, hay personas para las cuales no lograr resolver un dilema moral podría agravar, más que diluir, la desorientación y la ansiedad iniciales. Para otras personas, en determinadas circunstancias la calma, la serenidad y la tranquilidad alcanzadas mediante la suspensión del juicio podrían ser solamente parciales o momentáneas, lo que imposibilitaría seguir indagando sobre las cosas —o sencillamente actuar— sin experimentar nuevas angustias. De manera que la suspensión del juicio parece una condición necesaria, pero no suficiente, para curarse de esa «enfermedad» de definir las cosas en sí mismas que surge cuando se pretende resolver la complejidad y discordancia del mundo a la manera de los «dogmáticos». Sexto lo sabe bien: al final de los tres libros de los *Esbozos*, se lee que dicha enfermedad puede presentarse de manera más o menos grave. Él no lo dice, pero, si eso es cierto, tampoco podemos excluir que se trate de un mal en ocasiones incurable...

Sexto insiste, por lo demás, con frecuencia en el carácter aporético-dubitativo del pirronismo, que no solo disuade de pronunciarse sobre la realidad de las cosas e impele a indagar siempre, sino que además se hace preguntas sobre sí mismo. En un punto muy inicial de los *Esbozos* declara, en efecto, que, «de nada de cuanto diremos, afirmamos que sea exactamente como decimos; nos limitamos a exponer de qué modo las cosas se nos presentan en ese momento». Lo cual significa que incluso los discursos con los que Sexto nos indica un camino para superar la desorientación y la ansiedad provocadas por lo múltiple y contradictorio de los modos en que las cosas se presentan —por ejemplo los que terminan concluyendo que cada cosa específica «ni es, ni no es»—, incluso tales discursos llevan siempre antepuestas o sobreentendidas las expresiones «me parece» o «así me parece a mí», expresiones que no deben entenderse en términos asertivos —en plan de «me parece verdadero que»—, sino como una simple manifestación, o «confesión», de una impresión personal.

La idea es evitar que el pirronismo se convierta en una filosofía dogmática como las otras —o en una escuela en toda regla, por más que en tal caso se tratara de una escuela de vida—, y también que, sosteniendo categóricamente una posición mientras declara que no está en condiciones de hacer tal cosa, se autocontradiga. Sexto explica, de hecho, que, igual que un purgante se expulsa a sí mismo junto con las toxinas de las cuales quiere liberar al cuerpo, del mismo modo sus demoliciones de las teorías dogmáticas —por ejemplo respecto a la existencia de un criterio de verdad— son eliminadas de la mente mientras arrastran consigo esa enfermedad dogmática en la que todos podemos incurrir.

Cabría entonces preguntarse por qué Sexto habla (si resulta que cuanto dice es fruto nada más que de sus impresiones personales o está destinado a autoanularse). La respuesta está, de nuevo, al final de los tres libros de los *Esbozos* y reza que, lo que le induce a curar a quienquiera que esté aquejado por la enfermedad de definir las cosas en sí mismas, es el sentimiento de benevolencia que los seres humanos suscitan en él. Porque sus fármacos —el ejercicio de la *skepsis* y la suspensión del juicio—, cuando funcionan disuelven la desorientación y la ansiedad generados por el carácter múltiple y contradictorio de los modos en que las cosas se manifiestan.

El sentimiento de benevolencia que Sexto experimenta hacia el género humano puede incluirse en la lista de «afecciones que no se pueden evitar». Sexto reconoce, en efecto, la existencia de sensaciones, emociones y reacciones a las que es imposible sustraerse. En tales casos no cabe permanecer impasible —como se decía que había intentado hacer Pirrón—, pero, dejando en suspenso el juicio sobre las cosas de las que esas afecciones dependen, la persona puede evitar quedar turbada: puede experimentar una forma de sentir moderado que Sexto llama *metriopatheia*.

Entre las afecciones que no se pueden evitar, están por ejemplo el frío —si sentimos frío—, el hambre o la sed. Tales sensaciones nos afectan necesariamente, pero las soportamos mejor si no las cargamos, además, de juicios, es decir, si no las consideramos males en sí mismas. Por lo demás, desde cierto punto de vista es posible considerar bienes incluso el frío, el hambre y la sed, en la medida en que cumplen su función de cara a la supervivencia. De modo que el escéptico experimentará, como todo el mundo, el frío, el hambre y la sed; pero él los afrontará con mayor equilibrio:

> Nosotros no consideramos que el escéptico esté completamente libre de turbaciones. Decimos, antes bien, que lo turban hechos los cuales son por necesidad; porque reconocemos que puede padecer frío, sed y afecciones de esa clase. Pero, mientras que el hombre común sufre en tales casos doblemente —por las afecciones mismas y porque juzga que son males por naturaleza—, el escéptico, abandonando el juicio que los demás asocian a la afección que sea el caso —el juicio, léase, de que se trata de un mal por naturaleza—, él supera dicha afección con menos penuria.

Ni siquiera la muerte —dice Sexto— puede considerarse un mal absoluto, ya que en ciertos casos puede suponer una liberación. Por ejemplo de una grave enfermedad —podríamos añadir—, e igualmente podríamos inferir que, incluso en situaciones como abusos o atropellos, tratar de no dejarse llevar por el miedo, la cólera o la indignación, puede ayudar a afrontar tales situaciones. Del mismo modo, sensaciones y emociones gratas como las que generan, por ejemplo, la buena comida o el enamoramiento constituyen «afecciones inevitables»; pero apreciar la buena comida puede ser nefasto si se convierte en nuestro objetivo en la vida, igual que sucumbir al enamoramiento puede llevar a consecuencias trágicas.

Es posible, por el contrario, evitar —como hemos visto— afecciones como la desorientación y la ansiedad derivadas del carácter múltiple y contradictorio de las cosas que se nos presentan. Respecto de las cosas «oscuras» —es decir: sobre la naturaleza de las cosas en sí mismas, la cual Sexto califica de «opinable» en cuanto que objeto de discusión—, cabe llegar a un desapego que, según nuestro médico, puede ser absoluto. Tal es el significado de esa imperturbabilidad o ausencia de turbación de la que él habla. Y semejante estado tiene repercusiones significativas en nuestra vida, porque entre las cosas oscuras y opinables no solo están la naturaleza de la miel en sí misma —o la naturaleza del bien y del mal—, sino también los valores que inspiran nuestra existencia cotidiana, como para algunas personas pueden ser la riqueza y la fama. Muchos son, en efecto, quienes las consideran bienes a perseguir en cualesquiera circunstancias, mientras que para otros son fuente de problemas y corrompen el carácter. Y ambas creencias le complican a una la vida, según Sexto:

> Quien cree que las cosas son buenas o malas por su naturaleza, se encuentra en un estado de turbación continuo. Cuando no posee lo que él entiende que son bienes, se considera hostigado por la mala suerte y busca tales cosas. Luego, sin embargo —cuando las conquista—, experimenta una ansiedad mayor aún, pues se entusiasma más allá de la razón y de la mesura, y, temiendo que la

situación pueda cambiar, hace de todo para no perder lo que él toma, como decíamos, por bienes. Quien no tiene, por el contrario, opiniones sobre qué es bueno o malo por naturaleza, ese no se esfuerza por evitar o perseguir tal cosa o tal otra y vive, por tanto, sereno.

Eso no significa negar que un poco de suerte ayuda; de hecho, apreciarla hasta cierto punto queda dentro de las «afecciones inevitables». Pero un pirroniano no se afanará por obtenerla.

A algunos podría parecernos que un desapego, un equilibrio y una moderación tales no pueden hacer feliz a una persona y que perder románticamente la cabeza por una muchacha o por un muchacho es algo, antes bien, sumamente deseable; que desvivirse por tener éxito produce unas descargas de adrenalina impagables; que «vivir al máximo» es lo único que hace que la vida merezca ser vivida. Pero otros podrían verlo de otra forma y para muchos podría resultar «agradable» —como ya decía Enesidemo— evitar sucumbir por completo a las pasiones, por no hablar de no verse desgarrados por conflictos interiores como los que provocan la dificultad de juzgar esto o aquello en sí mismo, o el afán de alcanzar este o aquel «bien». Esta era, por lo demás, la idea de felicidad más común en el mundo griego, donde el término *eudaimonia* significaba vivir «bien» (*eu*) con el «demonio» (*daimon*) de uno, o sea, con la interioridad y el destino propios. Es decir: que, para nuestros antiguos, felicidad era vivir en armonía con uno mismo y con lo que a uno le reserva la suerte, antes incluso que con el prójimo.

No parece, en resumen, que mantenernos sosegados, serenos y tranquilos respecto a las cosas «opinables», y contener el potencial destructivo de las sensaciones y de las emociones, nos impida vivir una buena vida y una vida buena, experimentando distintos grados de atracción (o repulsión) hacia las cosas, personas y situaciones. De hecho, como veremos en el próximo capítulo, las «afecciones inevitables» son precisamente uno de los aspectos de la «vida corriente» a los que Sexto recomienda amoldarse sin dejarse avasallar, reconociéndoles un papel importante en el ámbito tanto privado como público, social y político.

IV. La vida de todos los días

¿Cómo vivir, entonces, cuando se ha ejercido ya la *skepsis*, se ha dejado en suspenso el juicio y se ha alcanzado la imperturbabilidad respecto a cómo son las cosas en sí mismas? Porque hacer eso, ¿no lleva a la persona a quedar paralizada? ¿Y no se corre el riesgo de ir a la deriva o de causar daño al prójimo, al no saber si esto o aquello está mal? ¿O el riesgo incluso de no ser capaz de decidir si visitar Roma o Florencia? Se trata de acusaciones —a veces paradójicas— que a lo largo de los siglos se han dirigido con frecuencia contra los escépticos de todos los tipos. En lo que al pirronismo se refiere, sin embargo, tales acusaciones no tienen en cuenta los aspectos más propositivos de este modo de pensar y vivir. Porque es verdad que un pirroniano, en el plano teórico, deja en suspenso el juicio sobre la naturaleza esencial de las cosas; pero en el plano práctico se comporta según el modo en que estas se le presentan, sin olvidar que a otros se les podrían presentar de maneras distintas. Según Sexto, fiando en los «fenómenos» —de *phainomai*, que quiere decir precisamente «manifestarse», «aparecerse»— y siguiendo las indicaciones de la «vida corriente» de manera «no dogmática», es posible vivir y actuar —como decíamos— de un modo activo y constructivo para nosotros mismos y para los demás. Nuestro médico recomienda concretamente cuatro «guías» que nos llevan a:

1. Seguir la naturaleza inmediata y aparente de las cosas (la que nos hace, por dar un caso, apartar la mano del fuego por el dolor aunque no sepamos definir la naturaleza del fuego en sí, que es «oscura»).

2. Aceptar las «afecciones que no se pueden evitar» (incluidas sensaciones como el frío, el hambre o la sed; emociones como el amor, y reacciones como la indignación).

3. Respetar las leyes y costumbres de los lugares en que vivimos (aunque puedan ser distintas de las de otros lugares, como plantea el décimo tropo de Enesidemo).

4. Seguir las enseñanzas de las *technai*, término que en época de Sexto se refería —repetimos— a cualquier actividad práctica, circunscrita y consolidada, del ámbito de las artes o de lo que hoy llamamos las «ciencias».

A primera vista surgiría la pregunta de si esta es una receta realista, factible y deseable; la pregunta de si, para vivir y actuar de manera sensata, basta con guiarse simplemente por las indicaciones de la naturaleza conforme esta se nos manifiesta (sin tener opiniones sobre la realidad); si es suficiente y oportuno —no solo para nosotros mismos, sino también para los demás— ir amoldándonos a los efectos que las cosas producen en nosotros —o sea: a las sensaciones, emociones y reacciones que experimentamos frente a las cosas— sin juzgarlas y sin dejarnos apabullar; si basta y resulta siempre recomendable seguir las leyes y costumbres de la convivencia civil; si podemos conformarnos con el ejercicio de las *technai* generadas por las pruebas y los errores del pasado (sin basarnos en ninguna teoría subyacente y recurriendo tan solo a generalizaciones empíricas de alcance limitado y bien definido).

La respuesta es que tales indicaciones, tomadas aisladamente —una por una—, acaso no basten. Todas juntas, sin embargo, pueden permitirnos vivir y actuar de manera satisfactoria para nosotros mismos y para los demás.

En lo que se refiere a la vida cotidiana pedestre —la de los seres humanos en cuanto especie animal—, desde pequeños descubrimos que «el fuego calienta por naturaleza» —dice Sexto— aunque no sepamos en qué consiste esa naturaleza suya, la cual puede ser ora quemar, ora fundir, según se aplique la llama a un tarugo de leña o a un pedazo de cera; pero los humanos sentimos que el fuego duele y mantenemos la mano apartada. El fuego calienta, en efecto, a quienquiera que no tenga los sentidos «impedidos» por cualquier razón (por alguno de los estados que en los tropos se describen, por ejemplo). Del mismo modo, tendemos a preferir la miel al aceite de ricino aunque no sepamos cuál es su naturaleza intrínseca. El calor del fuego y el dulzor de la miel son evidencias fenoménicas «corrientes» —o sea: comunes a todas las personas que se encuentren en las mismas condiciones físicas y psíquicas— y pueden guiarnos en la vida a pesar de los efectos distintos que tanto el fuego como la miel pueden ejercer en sujetos que se hallen en situaciones específicas. (Para quien tiene frío, por ejemplo, el fuego puede quemar menos que para quien tiene calor; y antes decíamos que la miel se le antoja amarga a quien sufre ictericia).

De forma análoga, nuestras «afecciones inevitables» nos permiten sacar adelante la especie, alimentarnos y reproducirnos. Más aún: si nos amoldamos a ellas, pero sin dejar que nos abrumen debido a nuestros juicios sobre las cosas de las cuales derivan, hacer eso nos permite, como hemos visto, vivir agradablemente. Pero también nos permite tener un comportamiento apreciable, ya que son precisamente nuestros sentimientos de benevolencia y empatía —o de «solidaridad biológica», como dicen algunos— lo que nos hace renunciar, por dar un caso, a algo que es para nosotros importante si, con tal renuncia, podemos evitar causar perjuicio o dolor a alguien; o bien son dichos sentimientos lo que nos hace reaccionar frente a aquello que se nos antoja una estafa, un abuso o una violencia personal; o lo que nos empuja a rebelarnos contra un régimen opresor o injusto sin necesidad de llegar a emitir juicios sobre materias que pueden presentar una complejidad excesiva.

Desde una perspectiva pirroniana son, en efecto, nuestros instintos más profundos lo que impide que el tercer elemento de la «vida corriente» —léase: la adhesión a las leyes y normas tradicionales— se traduzca en mera aquiescencia, conformismo o indiferencia para con el *statu quo*. Un pirroniano, aunque no sea *a priori* ningún soliviantador de pueblos, tampoco es que se adapte acríticamente a todo. De hecho, la indicación de adaptarse a las normas de la vida civil para vivir en consonancia con los demás no implica que las leyes y costumbres en cuestión deban considerarse necesariamente justas en sí mismas y, por tanto, instituidas de una vez para siempre. El carácter múltiple y contradictorio de leyes, usos y costumbres induce, antes bien, a dejar en suspenso el correspondiente juicio (como en la exposición del tropo décimo veíamos). Y, así, cuando alguna ley entra en conflicto con otras normas compartidas —o con sensaciones y emociones que no podemos evitar—, estas nos empujan a oponernos. Tal es el modo en que Sexto se defiende de quien acusa a los pirronianos de «ni elegir, ni rechazar, ningún tipo de vida, sino rechazar prácticamente la vida, quedándose ahí parados como vegetales». Según otros críticos, un pirroniano que por circunstancias cayera en manos de un tirano —un ejemplo muy del gusto de los antiguos—, o bien no le obedecerá y preferirá morir, o bien le obedecerá para evitar la muerte; pero en ambos casos elegirá algo en lugar de otra cosa, «que es lo que hace quien sabe perfectamente que ciertas cosas deben evitarse, y otras son preferibles». A todo lo cual responde Sexto que un pirroniano «escoge, según la coyuntura, con base en aquello que ha interiorizado de las leyes y costumbres ancestrales». Podrá, por tanto, elegir lo que le parezca mejor aunque no tenga opiniones sobre lo que está bien o mal en sí mismo; y «soportará mejor que los dogmáticos las eventuales adversidades porque no les añadirá ningún juicio». A tal efecto le viene a una a la cabeza Antígona —el personaje del drama homónimo de Sófocles—, la cual defiende hasta la muerte el derecho a dar sepultura a su hermano rebelde oponiéndose al orden del tirano —que es su tío—, cosa que hace invocando las leyes «de los padres» y respondiendo a su propio sentimiento de hermana, aparte de a su indignación ante un orden que se le antoja injusto, arbitrario e impuesto por la fuerza. Más adelante veremos que los valores de referencia que hemos interiorizado con base en nuestras leyes y tradiciones pueden representar, combinados con esas «afecciones inevitables» que comparten cuantos tienen los sentidos «no impedidos» —y también con las cosas aparentes y con las enseñanzas de las artes y las ciencias—, una brújula perfectamente funcional incluso a nivel colectivo, es decir, político.

Más problemática resulta, en cambio, la situación que se crea cuando nuestras «afecciones inevitables» entran en conflicto con las de los demás, por ejemplo cuando el miedo —por lo demás infundado— a que nuestros hijos se queden sin trabajo nos lleva a ignorar o negar los derechos de los inmigrantes. También en este caso podrían ser, desde una perspectiva pirrónica, los sentimientos de benevolencia y empatía que experimentamos hacia esas personas lo que nos mantuviera dentro de los límites debidos (aparte de la constatación de que dichas personas realizan trabajos que nuestros hijos ya no quieren hacer). De lo contrario, si tenemos los sentidos «impedidos» —como diría Sexto—, nuestros comportamientos pueden volverse contra nosotros, por ejemplo bajo la forma de un aumento de los actos criminales —cuando no terroristas— de los individuos no integrados. Se observa, en efecto, que, cuando cedemos al egoísmo —es decir: cuando dejamos que las «afecciones inevitables» necesarias para la supervivencia tomen la delantera sobre cualesquiera otras sensibilidades o razonamientos—, el precio termina siendo en general muy alto.

Puede ocurrir también que sean las leyes y las tradiciones de una comunidad las que entren en conflicto con las de otra. Piensa una en seguida en el caso de las religiones. A este respecto, Sexto escribe en el libro primero de los *Esbozos* que, de acuerdo con las leyes y las tradiciones, un pirroniano practica el culto de su ciudad. Al comienzo del libro tercero afirma, además, que él reconoce la existencia de los dioses según las indicaciones de la «vida corriente» y que los venera y honra de manera «no dogmática», esto es, dejando en suspenso el juicio sobre las especulaciones de los filósofos a propósito de la existencia de la(s) divinidad(es) y de su naturaleza corpórea o incorpórea, antropomorfa o astral, interesada o indiferente para con los asuntos humanos. Otro tanto hace respecto a la acción en el mundo de uno o más principios causales, ya sean trascendentes o inmanentes: se trata de cosas «oscuras» sobre las que un pirroniano no se pronuncia. Tal actitud refleja, en cierta medida, la de Pirrón, elegido sumo sacerdote de Elis; y resulta problemática solo en apariencia. Es posible, en efecto, explicar lo que de otra manera se antojaría una forma de insinceridad imaginando que un pirroniano reconoce, más allá de cualquier teología, no solamente la necesidad común que los humanos tenemos de creer en una divinidad o en una providencia para dar una explicación o un sentido al mundo y a la vida, sino también el anhelo de instituir una comunidad. Lo cual vuelve a reflejar los sentimientos de empatía y benevolencia que el pirroniano alberga hacia los demás; unos sentimientos que lo llevan a no abstenerse de las prácticas de culto para no crear turbación entre sus conciudadanos. Por lo demás, si no negamos la existencia de lo divino y de la providencia —y los pirronianos no la niegan; simplemente dejan en suspenso el juicio—, no va en detrimento de nuestra dignidad, ni de nuestra coherencia —como tampoco es hipócrita u oportunista—, comportarnos de manera que no indignemos a nadie y no creemos divisiones (actuando, llegado el caso, en sentido opuesto). También porque, en un mundo pirrónico imaginario, las guerras no podrían aducir el pretexto de la religión, ya que reconocer los impulsos espirituales de la tradición de uno y practicar el culto de la misma sin comprometerse ni insistir en los detalles de los dogmas teológicos, no obliga a negar los dioses de otros.

Por último, en lo que se refiere al cuarto aspecto de una existencia llevada conforme a las indicaciones de la «vida corriente» —la adecuación a las enseñanzas de las actividades prácticas—, estas son el resultado de la experiencia acumulada sobre el terreno y nos permiten cocinar sin envenenarnos, o bien construir viviendas que se mantengan en pie, expresarnos de manera que se nos entienda, contar y medir de modo eficaz, o esculpir estatuas proporcionadas. Es verdad que, en los seis primeros libros del *Contra los profesores*, Sexto arremete contra los expertos en gramática, oratoria, geometría, aritmética, astronomía y música. Pero allí el objetivo son las especulaciones abstractas y doctrinarias (*mathemata*) producidas en tales ámbitos, no los correspondientes saberes prácticos —es decir: las *technai*—, que sí que tienen utilidad para la vida. Mientras que las primeras son teorizaciones inútiles y discutibles, las segundas no obligan, a quien las ejerce, a aceptar ningún dogma; y lo que enseñan consiste, antes bien, en un adiestramiento en la correspondiente praxis específica. De la gramática engarrotada por las reglas —sirva de ejemplo—, Sexto critica categorías y distinciones que le parecen arbitrarias y alejadas del modo de hablar acostumbrado —hasta el punto de volverlo del revés—, considerando, en cambio, que la gramática sirve simplemente para comunicarse con facilidad. Del mismo modo, la capacidad oratoria sirve para convencer de buena fe: no para trucar las cartas o hacerle el juego al poderoso de turno. La geometría, para medir: no para desarrollar complicados teoremas basados en hipótesis elevadas a la categoría de axiomas. La aritmética, para contar: no para explicar con los números todos los aspectos de la realidad (como hacían los pitagóricos y algunos platónicos). La astronomía, para calcular el movimiento de estrellas y planetas: no para especular sobre la naturaleza divina de los cuerpos celestes o formular horóscopos. La música, para tocar un instrumento: no para teorizar excesivamente sobre los elementos o el estilo de las composiciones.

Precisamente en esta contraposición entre abstracciones teóricas y praxis está la clave para entender el escepticismo de Sexto y conciliarlo con su profesión de médico. Escribe, en efecto, el Empírico que el escéptico, si bien «no se ocupa de estudiar la naturaleza», sí que puede practicar las artes y las ciencias (por ejemplo la medicina). Eso quiere decir que el médico, aunque no conozca la naturaleza intrínseca de este o aquel fármaco y no sepa, por ello, definirlos sin referencia a los efectos que producen en determinados casos, así y todo los prescribirá si observa que tienden a curarlos.

En el próximo capítulo veremos que, para Sexto, realmente es posible ejercer la medicina sin estudiar la naturaleza intrínseca de las cosas.

V. Las ciencias

¿Cuáles eran, entonces, las características de la *techne* que ejercía Sexto, es decir, de la medicina? No disponemos, por desgracia, de sus *Memorias médicas* (o *empíricas*), conque únicamente podemos tratar de entender qué significaba, en época de él, el apelativo «empírico» que se añadía a su nombre.

El empirismo médico se consolida en la capital de las ciencias del mundo helenístico —en Alejandría— hacia la mitad del siglo III a. C. y surge de una escisión que se había producido en el seno de una escuela de medicina que incluía visiones parcialmente distintas entre ellas. Dicha escuela, llamada en general «racionalista», «dogmática» o «doctrinaria», había tenido un desarrollo enorme entre finales del siglo IV a. C. y comienzos del III con los descubrimientos anatómicos realizados gracias a la vivisección de animales, y a la disección de cadáveres humanos. Los médicos racionalistas habían empezado entonces a atribuir las enfermedades sobre todo a la obstrucción, desviación o disfunción de los «canales» (vasos sanguíneos y nervios) presentes en el cuerpo: en condiciones de salud, la sangre y sobre todo el *pneuma* —el aire inspirado, principio vital procedente del cerebro— deberían poder fluir libremente por sus lugares adecuados.

Estos médicos creían, pues, que estaban en condiciones de explicar las distintas enfermedades con referencia a las causas generales no observables —el *pneuma*— situadas en el interior del cuerpo y deducidas racionalmente de racionalmente de teorías anatómicas y fisiológicas generales. Apenas se detenían en las particularidades de los enfermos y de las patologías, ni en la posibilidad de que determinada enfermedad tuviera más de una causa. Si tenían que explicar por ejemplo el insomnio, no tomaban en cuenta el tipo de alimentación o el estilo de vida poco activo, sino que atribuían la incapacidad de dormir a una incorrecta circulación del *pneuma*.

Los médicos empíricos sostenían, por el contrario, que el saber médico derivaba de la observación directa, detallada y pormenorizada de cuanto mitigaba los distintos síntomas. La secesión de aquellos médicos se produjo precisamente en reacción a las discusiones cada vez más especulativas y contradictorias que mantenían los racionalistas —por ejemplo sobre la posibilidad de que el *pneuma* también circulase por las arterias—, y en reacción asimismo a la frecuente inutilidad práctica de los remedios que dichos racionalistas prescribían. Los empiristas pensaban, además —de nuevo en oposición a los racionalistas—, que la disección anatómica era inútil. Ellos entendían que, para conocer la forma y la posición de los órganos, bastaba con las observaciones ocasionales que se podían realizar con heridos y cadáveres; y sobre todo consideraban que los órganos de un cuerpo muerto no revelaban gran cosa de cómo esos mismos órganos habían funcionado cuando el cuerpo estaba vivo. Tampoco encontraban útil la vivisección de animales, dadas las grandes diferencias existentes entre estos y los humanos. En Alejandría corría el rumor de que en la ciudad había incluso quien practicaba la vivisección humana —con criminales condenados a muerte—, pero a los empíricos tal práctica les parecía exageradamente cruel. (Aparte de que estaban convencidos de que los órganos, una vez abiertos, dejaban de funcionar como habrían hecho en un cuerpo intacto). Los empíricos concluían, pues, que las causas señaladas por los médicos racionalistas eran forzosamente conjeturales y especulativas.

Desde la perspectiva de los médicos empíricos, la medicina debería evolucionar limitándose a consignar la correlación más o menos regular entre fenómenos observables. Más concretamente, los médicos empíricos consideraban que las primeras observaciones se imponían de manera espontánea a la atención del médico, como por ejemplo el hecho de que a veces la fiebre baje después de una epistaxis, o que determinadas comidas, bebidas y condiciones climáticas favorezcan o impidan la producción de *flegma* (flema). Tales observaciones podían luego repetirse, e irse clasificando y registrando. Así los médicos empíricos podían contar, además de con su propia observación directa inicial, también con las observaciones previamente documentadas por sus colegas, lo que les permitía ir ampliando, con prudencia, sus nociones prácticas sobre la base de las semejanzas entre los distintos casos. Para curar no hacían falta, por consiguiente, teorías generales ni especulaciones sobre las causas «ocultas» —invisibles— de las enfermedades, porque el problema del médico empírico no era tanto entender qué había provocado la enfermedad en cuestión, sino cómo curarla. Del mismo modo, más importante que entender —sirva de ejemplo— el mecanismo de nuestra respiración, era descubrir qué ayuda a la respiración cuando se vuelve pesada y lenta. Solo después de encontrar los remedios cabría discutir, llegado el caso, el porqué de la eficacia de los mismos. Y queriendo precisamente determinar las causas de dicha eficacia, tales causas habían de buscarse exclusivamente en el plano de lo que se podía observar.

A todo lo cual, los racionalistas objetaban que los empíricos solo podían proceder mediante tentativas y errores; también que su enfoque, además de ser casual, no permitía afrontar casos complejos o para los cuales no hubiera precedentes, como tampoco dejaba espacio para nuevos descubrimientos. Era frecuente —planteaban— que se manifestasen nuevos tipos de enfermedades para las que no se disponía de ninguna experiencia previa, de ahí que fuera necesario razonar sobre el origen de la patología en cuestión para poder seleccionar el remedio oportuno. Esas causas observables de las que hablaban los empíricos no servían, en efecto, de gran cosa —según los racionalistas— cuando la enfermedad o el dolor se hallaban en el interior del cuerpo. Dependiendo, por ejemplo, de si la digestión se consideraba un proceso de trituración debida a los músculos del estómago —activados por el *pneuma*—, o de «cocción» debida al calor del cuerpo —calentado este, a su vez, de nuevo por el *pneuma*—, habría que optar por remedios diferentes para los distintos síntomas de dolor abdominal.

Los empíricos, por su parte, replicaban que la repetición y acumulación de observaciones llevaba a la constitución de un corpus de conocimientos clínicos bien estructurados, y que la posibilidad de que la misma cura valiera para síntomas observables parecidos a otros ya observados, permitía afrontar también casos nuevos. En una segunda fase empezaron a prever, además, una forma de razonamiento probabilista capaz de sacar a relucir correlaciones entre fenómenos observables y fenómenos *momentáneamente* no observables, pero observados con anterioridad y, por tanto, en principio visibles, como por ejemplo el hecho de que, a quien era hidrófobo, probablemente le hubiese mordido un perro con rabia. Así sería posible escoger, de entre los remedios disponibles para casos parecidos, el más adecuado. Y el resultado no sería infalible, pero sí útil en la mayoría de los casos.

La medicina empírica siguió desarrollándose y ampliando sus conocimientos hasta que, con el paso del tiempo, la memorización de las observaciones acumuladas se empezó a priorizar sobre el desarrollo de la capacidad de observación directa. Al mismo tiempo, en el seno de la escuela iban ganando cada vez más terreno los razonamientos probabilistas sobre las causas de las enfermedades, y también las discusiones con los racionalistas sobre la existencia de causas invisibles. Es decir, que los empíricos por una parte parecían ir haciendo algunas concesiones frente a la posibilidad de construir inferencias lógicas no estrictamente sujetas a la experiencia fáctica... y por otra parte afirmaban con rotundidad que era imposible conocer tales causas.

Así fue como en el siglo I a. C. surgió una tercera escuela médica que acusaba a los galenos de ambas facciones de perderse en discusiones —ora empíricas, ora especulativas— sobre las causas de las enfermedades y no tener un verdadero *método* de cura. Frente a lo cual, los médicos llamados precisamente «metódicos» proponían uno basado en la identificación de «generalidades (elementos comunes) evidentes» asociadas al hecho de que toda enfermedad parecía ser el resultado de alguna forma de constricción inflamatoria, excesiva dilatación de los tejidos o mezcla de ambos desarreglos la cual se producía en algún punto del cuerpo y era susceptible de curarse con las debidas intervenciones dirigidas a contrarrestarla (distensión, compresión o tratamiento del estado preponderante). Era, por tanto, la propia enfermedad lo que indicaba cómo había que combatirla, sin que hiciera falta referirse a ninguna teoría hipotética o probable sobre su origen. Si una rodilla estaba inflamada —de resultas de una constricción—, se trataba simplemente de encontrar el modo de distenderla; si el abdomen o el ojo emitían fluidos, se trataba simplemente de comprimirlos y mantenerlos sujetos. La diferencia entre una persona cualquiera y un médico metódico frente a una «generalidad evidente» venía dada tan solo por el hecho de que el segundo estaría más entrenado para achacarla a una de las tres formas patológicas fundamentales, y tratarla del modo adecuado.

Según los defensores de esta corriente, dotarse de un método evitaba, por muy general que este fuera, perderse en la especulación teórica de los racionalistas, pero también extraviarse en los pormenores en que insistían los médicos empíricos. Se trataba, por tanto, de un sistema más práctico y directamente apegado a lo que era posible observar. Mientras que el empírico seguía considerando que cada caso era único y lo acometía sobre la base de la observación directa y de la experiencia adquirida, el metódico proponía agrupar los casos que presentaban semejanzas —por ejemplo en el examen del paciente con palpación o con percusión— y curarlos, en principio, de la misma forma: primero con aplicaciones de calor o frío, con fármacos, sangrías, masajes, baños, movimientos específicos, musicoterapia incluso —cantos y ejercicios vocales—, paseos al aire libre, cambios de altitud y otros remedios tradicionales, pero luego recurriendo también a intervenciones quirúrgicas como la traqueotomía. Por muy simplista que pudiera parecer su método, algunos médicos de esta escuela alcanzaron niveles de solvencia notables; hasta el punto de que los escritos de ginecología y obstetricia de Sorano de Éfeso —activo en la primera mitad del siglo II d. C.— fueron el texto de referencia en ese ámbito hasta el Renacimiento.

Los médicos metódicos no negaban que algunas teorías médicas pudieran ser ciertas, y parece que estaban influidos por el antiguo atomismo de Demócrito (reelaborado a finales del siglo II a. C. para sugerir que el cuerpo humano está compuesto de átomos separados por unos espacios vacíos o «poros» que, si aumentaban de tamaño, provocaban la excesiva dilatación de los tejidos, mientras que, cuando encogían, provocaban inflamación). Todo apunta, sin embargo, a que consideraban el atomismo una mera hipótesis; también porque, de lo contrario, no se entendería la estima que Sexto hacia ellos manifiesta. En los *Esbozos* dice, en efecto, que la metódica le parece «la única de las corrientes médicas» de aquel entonces que no incurría en afirmaciones temerarias sobre las cosas oscuras, esto es, sobre las causas no observables de las enfermedades; ni en sentido positivo (como los racionalistas), ni en sentido negativo (como los empíricos).

De modo que, desde este punto de vista, Sexto se siente más cerca de los metódicos que de los empíricos. El empirismo médico —escribe— «no es lo mismo» que el pirronismo «en la medida en que ese empirismo afirma rotundamente la incognoscibilidad de las cosas oscuras». Y eso un pirroniano no lo puede decir, si no quiere autocontradecirse: un pirroniano no puede excluir que existan cosas cognoscibles. «Me parece, antes bien», sugiere Sexto, «que un pirroniano podría seguir el método». A semejanza del escéptico pirroniano, el médico metódico «sigue las indicaciones de la vida corriente», tomando, «de las cosas que se [le] presentan, la que parece resultar beneficiosa». Y prosigue diciendo que:

Del mismo modo que al escéptico, debido a lo inevitable de sus afecciones, la sed lo lleva a beber y el hambre a la comida —y otro tanto para las otras cosas—, también al médico metódico las afecciones patológicas lo llevan a las correspondientes medidas [terapéuticas]. La obstrucción lo lleva, en efecto, a la dilatación —como cuando, tras una contracción producida por un intenso frío, se recurre al calor—, y un flujo lo lleva a la interrupción del mismo como ocurre a quien, sudando en exceso y sintiéndose indispuestos durante el baño, se apresura a detener la sudoración con aire frío.

También comparten, metódicos y pirronianos, un uso del lenguaje carente de lo que hoy llamaríamos «alcance ontológico»:

Del mismo modo que el escéptico utiliza sin presupuestos dogmáticos la expresión «No afirmo nada determinado», [...] también el médico metódico habla de «generalidades» [...] y de cosas por el estilo sin comprometerse. Al mismo tiempo usa el término «indicación» sin asociarlo a una creencia específica, como si de un empujón se tratara el cual [nos] dieran las afecciones evidentes —naturales e innaturales— [para encaminarnos] hacia aquello que parece adecuado. [Y] a juzgar por esto, la corriente de medicina metódica presenta algunas afinidades con el escepticismo.

Resulta obvio que Sexto había empezado a encontrar problemáticos los últimos desarrollos del empirismo médico. No obstante, a pesar de esta apertura (contextualizada y relativa) a la corriente metódica —porque el escéptico no se distancia del empirismo en general, sino solo de «ese empirismo», cosa que hace, además, únicamente «en la medida en que [equis]» y «a juzgar por [zeta]»—, a pesar, en efecto, de esta apertura suya puntual a la escuela metódica, nuestro médico ha pasado a la historia como empírico. Y son muchos los pasajes en que habla en calidad de tal, mostrándose partidario de un saber práctico que elabore normas y reglas basadas en la repetición de las observaciones, admitiendo la solidez de los razonamientos sobre causas *momentáneamente* no observables, calificando de «empírico» el modo de vivir auténticamente pirroniano o aprobando la actividad de algunos astrónomos empíricos, como veremos mejor en el próximo capítulo. Nada de todo lo cual contradice, bien mirado, los principios de la medicina metódica si dejamos al margen terminologías y polémicas de escuelas. Y en su atención a la práctica más que a la teoría, la medicina metódica era indudablemente más afín a la medicina empírica que a la racionalista.

Los estudios sobre la medicina metódica están aún en curso y actualmente no disponemos de informaciones suficientes para esclarecer como es debido las relaciones de dicha medicina con el empirismo antiguo y entender mejor la posición de Sexto. En todo caso podemos decir que esa actitud constantemente crítica, ese apego a los fenómenos observables y esa orientación a la cura de los cuales nuestro médico habla, han caracterizado y siguen caracterizando, todavía hoy, el desarrollo de la medicina; la cual, de hecho, con el paso del tiempo ha podido dotarse de instrumentos y técnicas de observación capaces de generar evidencias cada vez mayores, así como también un corpus de conocimientos cada vez más sofisticado. El escepticismo de Sexto no carga, en efecto, contra razonamientos cimentados en lo que puede observarse —o en lo que no es dado observar *en determinado momento*—, sino contra actividades teóricas que excluyen *a priori* verificaciones observables —pues el *pneuma* es invisible—, y que presentan las hipótesis —por ejemplo los átomos, que en aquellos tiempos nadie podía imaginar que acabarían haciéndose visibles— como realidades.

VI. Las pseudociencias

Sobre todo en el libro quinto del *Contra los profesores* —dedicado a la astrología—, Sexto ofrece a contraluz una serie de indicios con los que entender, de una manera más concreta, su visión de lo que debería ser el modo de producir un saber fundado y útil. Se trata de una visión que actualmente sigue siendo válida y que, más allá del caso específico de la astrología, permite distinguir entre lo que hoy llamamos «ciencias» y «pseudociencias». Muchos acontecimientos de los últimos años nos han mostrado, en efecto, que, especialmente en momentos de graves dificultades, la tentación de dar oídos a quienes se presentan como descubridores de nuevas verdades, curas y remedios milagrosos puede resultar particularmente intensa.

Al principio del libro, Sexto distingue, en primer lugar, entre la astronomía de los filósofos —que en aquel entonces especulaban sobre la naturaleza divina de los cuerpos celestes— y la astronomía empírica. Esta última, basada en la observación de estrellas y planetas —y ya muy desarrollada—, él la ve comparable al arte de la agricultura y de la navegación, consistentes «en una observación de los fenómenos gracias a la cual es posible prever diluvios y tempestades, cataclismos, terremotos, etc.». De la astronomía de los filósofos, por el contrario, Sexto declara, como es lógico, que él no se puede ocupar; pero luego establece una nueva distinción, esta vez entre la astronomía empírica y la astrología, que se presentaba como un saber igualmente útil. Los astrólogos de entonces querían hacer creer, en efecto —del mismo modo que los actuales—, que ellos estaban en condiciones de predecir el futuro y el carácter de un individuo con base en la posición del Sol y de los demás cuerpos celestes en el momento de nacer el individuo en cuestión. Los primeros en estudiar el horóscopo de las personas habían sido los caldeos, antiguo pueblo que en el siglo IX a. C. se asentó en la parte meridional de Mesopotamia, la zona de Oriente Próximo comprendida entre los ríos Tigris y Éufrates. Sus complejas y elaboradas teorías fueron luego retomadas por los egipcios, y desde Egipto penetraron en la cultura helenística, donde tuvo conocimiento de ellas Sexto. A Sexto le parece, sin embargo, que la mayor parte de las pretensiones de la astrología carecen de cualquier fundamento empírico y, por tanto, también de utilidad práctica. Más aún: él encuentra la astrología perjudicial.

Tras resumir sumariamente las características principales del cuadro del zodíaco que concibieran los caldeos y desarrollaran los astrólogos posteriores —la división del cielo y las doctrinas de los «cuatro centros», del declive y la ascensión de las estrellas, de los siete astros mayores y de la diversidad de sus influjos, etc.—, Sexto refiere en primer lugar las objeciones generales que cabe hacer al planteamiento, compartido por los filósofos estoicos, de que entre el cielo y la Tierra existe un vínculo de correspondencia (*sympatheia*) por cuya virtud el primero influye en la segunda. Tales críticas se centran en el hecho de que, si todo está predestinado —o si lo están muchas cosas—, la astrología es inútil, mientras que, si todo es casual o depende de nosotros —o si tal es el caso de muchas cosas—, entonces no cabe hacer previsiones. Sexto sabe que la cuestión es compleja, pero que afecta, una vez más, a cosas «oscuras» sobre las que el escéptico no se pronuncia. Por eso salta en seguida a cuestiones menos generales: a cuestiones relativas no tanto al método, sino a la verificación fáctica, pero que también son, en cierto modo, de carácter moral. Dice, en efecto, que, si las afirmaciones de los astrólogos fuesen objeto de verificación, resultarían aceptables; pero resulta que no se verifican. También dice que las previsiones de los horóscopos no es solamente que no funcionen, sino que además impiden a las personas comportarse de forma sensata.

La articulación del dilatado razonamiento de Sexto es muy reveladora sobre su empirismo. Sexto sostiene, en primer lugar, que es difícil determinar con precisión el cuadro astral bajo el que ocurren la concepción y el nacimiento de una persona. No está claro, en efecto, cuándo exactamente se verifican ambos hechos. En el primer caso, no está claro si la hora se corresponde con el momento en que se deposita el semen, o si la concepción propiamente dicha se produce una vez transcurrido cierto lapso. Es decir: que no está claro si la concepción «se asemeja al modo en que una hogaza crece cuando se mete en el horno», o si el semen humano se comporta como la semilla de una planta, que tarda un tiempo en agarrar. Tampoco hay certeza sobre cuánto tiempo necesita dicho semen para pasar, desde la embocadura del útero, al interior del mismo para implantarse allí (también porque las mujeres son diferentes entre ellas y dicho paso puede requerir tiempos distintos). En cuanto al nacimiento —y aquí vuelve a ser el médico quien habla—, no todos están de acuerdo sobre en qué momento preciso ocurre: cuando el recién nacido empieza a ocupar el conducto vaginal, cuando sale del mismo o cuando se corta el cordón umbilical.

Aun admitiendo, sin embargo, que se llegue a establecer con precisión la hora en que la persona nace —prosigue Sexto—, el cielo se mueve con rapidez y es complicado identificar de manera exacta la configuración de las estrellas y de los planetas en determinado momento, sobre todo teniendo en cuanta que, de día, tales objetos no se ven —excepto el Sol—, y también de noche es frecuente que impidan verlos las nubes o la niebla. Sexto pasa entonces a analizar las dificultades que se encuentra quien pretenda acotar las distintas partes de las constelaciones, o bien distinguir los movimientos —aun accidentales— del cielo respecto a la Tierra, en la cual los puntos de observación se desplazan (por ejemplo después de un terremoto o de un diluvio). Añádase que, desde la llanura, el cielo se ve distinto que desde lo alto de una montaña; y no todos los astrólogos tienen la misma agudeza visual. Ninguno tiene, en cualquier caso, la vista de un águila y, por eso, ¿cómo podemos saber cuál es la verdadera posición de las estrellas y de los planetas más allá del modo específico en que a este o a aquel astrólogo se le presenta? Pero es que, además, las constelaciones empiezan a mostrarse en el cielo antes incluso de haber superado la línea del horizonte (como cuando, al alba, el primer rayo de luz se refleja en el agua antes de que el sol despunte). Y, más en general —concluye Sexto—, el cuadro astral varía según el punto de observación. Podemos ver que en todo este razonamiento se aprovechan, en el ámbito de argumentaciones fundamentalmente empíricas —aparte de harto técnicas—, como mínimo los tropos primero, cuarto, quinto y sexto de Enesidemo; pero el empirismo de Sexto también se expresa en las objeciones sucesivas.

En segundo lugar —señala, en efecto, nuestro médico—, aunque fuera posible determinar con exactitud el momento del nacimiento de alguien —y por tanto su cuadro astral—, sería difícil recoger una cantidad de datos suficiente como para poner dicho cuadro en relación con el destino de la persona en cuestión. Por eso, aun si el mundo del cielo efectivamente ejerciese algún tipo de influjo sobre el mundo de la Tierra, las previsiones no podrían ser sino aproximadas, orientativas. Lo cual confirman los hechos, porque hay personas que, nacidas en el mismo día, tienen destinos bien diferentes, mientras que otras veces —por ejemplo durante una guerra o durante una catástrofe natural—, individuos nacidos en días distintos terminan encontrando el mismo fin. Verdaderamente no parece, así las cosas, que la evolución de la vida humana dependa del movimiento de los astros. Y en el supuesto de que sí que dependiera, todo apunta a que establecer cómo exactamente eso se produjese excedería nuestras posibilidades de comprensión.

Se dice, sin embargo, que el destino de un hombre es su carácter. Y efectivamente los astrólogos consideran que hay una relación entre el carácter de un individuo y el cuadro astral del momento en que dicho individuo naciera. Pero Sexto se pregunta con base en qué se afirma que los nacidos bajo el signo de Leo son valientes, teniendo en cuenta que los nombres de las constelaciones fueron asignados a las formaciones estelares únicamente en atención a determinadas semejanzas figurativas entre tales formaciones y las cosas terrestres. Un león —el animal— y la constelación de Leo tienen en común únicamente la forma; desde luego, no el carácter. De otra manera, o bien es el nombre del signo zodiacal lo que determina el carácter de la persona —siendo esta entonces influida por el hecho de saber que su signo astrológico es Leo o Virgo—, o bien el influjo de las estrellas y de los planetas se ejerce a través de un cambio material experimentado por el aire que dichos cuerpos celestes tiene debajo. Pero resulta que, en el primer caso, el influjo de las estrellas no se haría extensivo a los animales, con lo que se convertiría en un influjo, digamos, dudoso (también porque implicaría que únicamente en quienes crean en la astrología puede incidir, y eso supone recaer en el tropo de la circularidad). En el segundo caso, las características particulares del aire en el momento del nacimiento sí que podrían acaso contribuir a la fuerza y a los rasgos físicos del recién nacido; pero hay personas que, teniendo caracteres igual de fuertes, son muy distintas entre sí (sirvan de ejemplo los reyes frente a los criminales).

Sexto también somete a examen la contraobjeción de que no son las estrellas lo que determina los destinos de las personas —de donde se infiere que tampoco las previsiones del horóscopo se basan en la existencia de un vínculo causal directo entre el cielo y la Tierra—, sino que son los astrólogos quienes encuentran un vínculo entre los destinos de personas específicas y las posiciones de las estrellas. Ese tipo de astrología se asemeja —admite Sexto— a la medicina empírica, la cual procede con base en la observación repetida y constante de determinadas asociaciones entre acontecimientos y fenómenos, y, sobre la observación de que no solo Fulano, sino también Mengano y Perengano murieron después de que los hirieran en el corazón, concluye que a las heridas en el corazón les sigue la muerte. Contra semejante modo de pensar, no cabría objetar nada... de no ser porque, a diferencia de los médicos, los astrólogos no pueden contar con un número de observaciones suficiente para concluir que a determinada configuración astral le sigue determinado tipo de vida. Resulta, en efecto, que las configuraciones astrales no vuelven a presentarse en el mismo punto del cielo hasta que no han transcurrido largos intervalos —Sexto habla de 9977 años—, y es imposible correlacionar ambos tipos de sucesos. (Como puede verse, los antiguos ya conocían el fenómeno de la precesión de los equinoccios, cuyo giro completo hoy sabemos que dura unos 26 000 años).

Las previsiones basadas en el horóscopo son desmontadas por Sexto en cuanto que empírica y metodológicamente infundadas, pero hay más: Sexto también las critica —y sobre todo— porque impiden a las personas vivir de manera razonable ateniéndose a las cosas aparentes. De ahí que tales previsiones no sean solamente inútiles, sino además perjudiciales cuando se consideran una guía para la vida. Que luego el universo sea un todo interconectado —como querían los estoicos— en el cual la conjunción de las estrellas y de los planetas efectivamente está asociada a los sucesos terrestres y en el cual los individuos nacidos en determinado periodo tienen, por tanto, destinos y caracteres en parte comunes, eso es algo posible, pero no verificable desde la mentalidad empírica de nuestro médico. Si alguien quiere creer en esos vaticinios porque él sí que les ha encontrado confirmación, es libre de hacerlo. Que una persona vincule, sin embargo, su vida por completo a los horóscopos —concluye Sexto—, no tiene mucho sentido.

VII. La convivencia democrática

El enfoque crítico que Sexto propone no solamente permite superar la desorientación y la ansiedad que la complejidad y discordancia del mundo suscita: también salva de los embaucadores que enarbolan verdades no demostradas, y defiende frente a las trampas del sentido común y de la aproximación. «Asumamos la duda aunque solo sea para estar seguros de que nuestras convicciones no son solo convenciones»: así exhortaba al público del Festival de San Remo de 2022 la actriz Drusilla Foer.

Sigue abierto, sin embargo, el problema de cómo conciliar los distintos modos en que las cosas se nos presentan a las distintas personas sin poder apelar a conceptos absolutos y definitivos de lo justo, de lo verdadero, de lo útil. Porque, aun si nos avenimos a privilegiar lo que funciona —desde el respeto a las leyes y a las tradiciones, a las cosas aparentes, a las enseñanzas de las artes y de las ciencias y a las «afecciones inevitables»—, a menudo los caminos para llegar hasta ahí pueden presentarse de maneras diferentes y es necesario contrastar las distintas visiones para llegar a una decisión común. Hay quien piensa —sirva de ejemplo— que, para hacer que baje la deuda pública con relación al producto interior bruto, se deben aumentar las inversiones y, por tanto, los gastos del Estado para impulsar el crecimiento e incrementar los ingresos fiscales, mientras que otros creen que lo único que hace falta es recortar los gastos. Y naturalmente es ahí donde entra en juego el debate democrático.

Sexto no dedica páginas específicas a este tema, pero, como en parte ya hemos señalado, algunas observaciones relevantes al efecto se encuentran en el tratado contra los profesores de oratoria —*alias* rétores—, que es el libro segundo del *Contra los profesores*. En el mundo antiguo, los rétores eran personas que se dedicaban a pronunciar discursos ante las asambleas consultivas o legislativas y en los tribunales, abogando por esta o aquella causa profesionalmente. En su libro, Sexto polemiza especialmente contra aquellos «expertos» que encorsetan la práctica oratoria con principios en absoluto demostrados, y ni siquiera son buenos oradores. Menos tiene que decir contra los rétores que ejercen su oficio sin preocuparse demasiado por los tecnicismos de la disciplina. Sobre estos últimos plantea, sin embargo, dudas de tipo moral, algunas de las cuales podrían regir también para esos políticos, tertulianos y en ocasiones abogados que hoy intentan manipular el debate público.

Después de analizar las diferentes definiciones de «oratoria», Sexto procede a mostrar, primero de todo, que esta no es una *techne* propiamente dicha, ya que, a diferencia de las artes y de las ciencias, en realidad carece de coherencia, está hecha nada más que de palabras y no se ocupa de un objeto específico. La oratoria es susceptible de aplicarse, en efecto, a cualquier materia y no enseña nada: su objetivo es simplemente persuadir, suscitando emociones artificiosas sin consideración de qué sea justo o injusto según la ley. Con su ejercicio no se alcanza, además, nada estable, toda vez que sus conclusiones pueden ser desbaratadas por otro discurso más fuerte (como de hecho es frecuente que ocurra, llegando incluso a suceder a veces que el objetivo real de un rétor sea otro distinto del que él declara). Que la oratoria no sea una *techne* se debe, también, a que no sigue ningún método preciso, siendo incluso posible que alguien que no la haya estudiado, haga un discurso que supere al de quien sí que la estudió.

Y ahora Sexto carga la mano: señala que antiguamente —«antiguamente» desde el punto de vista de él— había ciudades, como por ejemplo Creta y Esparta, en las que ni siquiera se permitía entrar a quienes se presentaban como rétores, y de las cuales se había desterrado, de hecho, a todos los rétores por considerarlos una especie corruptora y peligrosa (aparte de inútil, en cualquier caso, tanto para sí misma como para la comunidad). Al rétor —explica Sexto aprobatoriamente— la oratoria no le es útil porque le obliga a tratar con adúlteros, ladrones y traidores, así como a comportarse desaprensivamente, todo lo cual le granjeará una pésima fama y muchos enemigos que lo hostigarán. A la comunidad, por su parte, la oratoria no le es útil porque es capaz de mostrar cómo volver del revés las leyes mediante complicados distingos según los casos, cuando resulta que las leyes son lo que «mantiene unida» a una colectividad y lo que ha hecho posible superar las condiciones preciviles del todos contra todos. Sexto también refiere una noticia curiosa: que los persas, cuando morían sus soberanos, dejaban todas las leyes en suspenso durante cinco días para aprender «de la experiencia» qué significaba vivir sin derecho.

Por si fuera poco —prosigue Sexto—, la oratoria puede ser utilizada por los peores políticos que existen —los demagogos— para solivianter a las multitudes, las cuales se enfervorizan cuando oyen promesas. (Da igual que, quien habla, no persiga otra cosa que su propio interés particular). Tal acusación se remonta a épocas muy anteriores a Sexto —como mínimo a Platón—, y la respuesta de los rétores solía consistir o bien en diferenciar una oratoria noble de otra vil, o bien en afirmar que el problema no era la oratoria, sino la mala fe. A lo que Sexto vuelve a replicar que recurrir a la retórica significa querer persuadir a como dé lugar —es decir: sin consideración de qué sea justo según la ley—, de donde

La convivencia democrática

se sigue que cualquier rétor puede ser injusto, puesto que sus argumentos siempre son artificios que no dependen de qué sea justo o injusto desde el punto de vista del derecho.

La oratoria, por tanto, ni siquiera es el arte de la elocuencia —señala Sexto—, porque es la sustancia lo que confiere auténtica belleza a un discurso. Desde el punto de vista de la forma, bello puede ser un lenguaje claro, conciso y apropiado: todo el mundo valora una expresión llana y comedida que no induzca al error ni incite al resentimiento. Los propósitos manipuladores de los rétores —incluso de aquellos eventualmente más nobles— impiden, por el contrario, desarrollar un razonamiento de manera sencilla, elegante y adecuada al tema. Los rétores, en efecto, se las ven y se las desean para conseguir el objetivo que se han marcado —persuadir a un auditorio—, pues, mientras que las cosas creíbles —las que no necesitan la ayuda de ningún rétor— se presentan fácilmente, aquellas que son poco creíbles o no lo son en absoluto —las que sí que necesitan que intervengan rétores— han de inculcarse a través de trucos dialécticos que a menudo provocan el efecto contrario al que se pretendía... precisamente porque la audiencia se da cuenta de que son trucos. Hay mucha gente, por tanto —concluye Sexto—, que no da crédito a los rétores; hasta el extremo de que antiguamente —«antiguamente», de nuevo, desde el punto de vista de él— los atenienses en los tribunales no querían que los defendiera un rétor, sino que se dirigían a los jueces en primera persona y, quien hablaba creyendo en lo que decía, lograba persuadir al auditorio sin necesidad de jugar con la piedad, con la compasión o con la indignación y sin volver los hechos del revés ni confundir las mentes.

También sobre la oratoria encomiástica escribe Sexto palabras que hoy en día siguen presentando interés. Observa, en efecto, que no a todo el mundo le gustan los elogios desproporcionados y que, de todas formas, para alabar a una persona haría falta conocerla verdaderamente bien; cosa que, sin embargo, es difícil, y, así, aun el rétor más sincero tejerá los elogios del individuo en cuestión sobre la base nada más que de sus propias impresiones personales, revelando su discurso, en consecuencia, más cosas sobre él mismo que no sobre dicho individuo supuestamente encomiado.

Por último, incluso obviando las observaciones que anteceden, Sexto pone de relieve que, igual que ocurre con cualquier intento de demostración, los discursos de los rétores se basan necesariamente en premisas cuestionables, hipotéticas, circulares o cuya fundamentación aboca a una regresión infinita (como enseñan los tropos de Enesidemo y de Agripa). De lo contrario no haría falta que interviniese ningún rétor: los hechos hablarían solos.

A pesar de los peligros de manipulación que Sexto describe en el mencionado libro del *Contra los profesores* dedicado a los rétores —unos peligros a los cuales actualmente seguimos expuestos—, así y todo parece que las recomendaciones de nuestro médico —ejercer la *skepsis*, dejar en suspenso el juicio sobre las cosas «oscuras», seguir indagando con calma y tranquilidad, guiarnos por el método empírico de las artes y las ciencias y respetar las leyes y costumbres de la tradición cuando no entran en conflicto con nuestras sensaciones y emociones personales— pueden sentar las bases para el desarrollo de una vida democrática serena. Ser consciente del hecho de que en muchos casos no podemos ir más allá del modo en que las cosas se nos presentan, eso para Sexto no implica, en efecto, apoltronarse en actitudes abandonistas, pero tampoco tratar de imponer la visión personal de las cosas con la excusa de que no hay forma de saber cómo son las cosas de verdad. Implica, antes bien, ser tolerante para con quien tiene posturas distintas y mostrar disposición a la escucha y al diálogo (tanto en el ámbito privado, como en el público). Porque para un pirroniano no supone un problema que, a otra persona, las cosas no se le presenten del mismo modo que a él; y ya hemos recordado la gran modestia y templanza intelectual y moral con que Pirrón se relacionaba con el prójimo.

De esta forma, sin la pretensión de estar en posesión de la verdad, podremos buscar, a través del debate, aquello que mejor funcione, en términos prácticos, dentro del marco de leyes y tradiciones en el que nos movamos, manteniendo una firme conexión con las cosas aparentes —y con esas «afecciones inevitables» que todos experimentamos si no tenemos los sentidos «impedidos»—, y procediendo a la manera del médico empírico —o sea: mediante tentativas y errores— cuando no estemos en condiciones de aplicar la experiencia previa, ni correlaciones posibles o probables. Vemos, por ejemplo, que no hace falta conocer el alcance exacto de la incidencia de la actividad humana en el calentamiento global —una incidencia, a lo que parece, difícil de cuantificar— para tomar medidas que contrarresten dicho calentamiento. Basta, en efecto, constatar el aumento de las temperaturas y la subida del nivel del mar, la reducción de los glaciares o las inundaciones que se producen en distintas partes del mundo con una frecuencia sin precedentes.

Naturalmente, el parecer de quien más tiempo hubiera dedicado a estudiar los términos del asunto en cuestión gozaría, en un mundo pirroniano, de una credibilidad también mayor —que no absoluta— frente a la opinión de quien tuviera, del mismo asunto, un conocimiento meramente superficial. Y tanto más creíble sería dicho parecer, cuanto más transparente y más afín al lenguaje común de la vida corriente la manera en la que el mismo se expresara. Pues aunque no consigamos saber cómo son las cosas en sí mismas, tenemos derecho a que nos informen del modo —o de los modos— en que los expertos las ven; sobre todo hoy que el mundo parece acaso más complejo y discordante que en época de Sexto. Conque podríamos seguir las recomendaciones del filósofo inglés Bertrand Russell, quien en 1928 indicó los criterios del método escéptico, los cuales «podrían revolucionar completamente la vida humana». Escribía Russell, en efecto, que:

> El escepticismo que yo propugno se reduce únicamente a esto: I) que, cuando los expertos están de acuerdo en afirmar determinada cosa, la opinión contraria ya no puede considerarse cierta; II) que, cuando los expertos no están de acuerdo, ninguna opinión puede ser considerada cierta por los no expertos; III) que, cuando los expertos convienen en que no existen motivos suficientes para una opinión positiva, el hombre común haría bien dejando en suspenso su correspondiente juicio.

Un debate pragmático y sujeto a las «afecciones inevitables» podría contribuir también a la elaboración de unas culturas de los derechos cada vez más compartidas y a la superación de lo que suele llamarse «relativismo» ético y cultural; a la superación, por tanto, de la idea de que un sistema de valores —leyes, usos, costumbres, convicciones tradicionales y filosóficas— puede no solo explicarse, sino de hecho aceptarse, en su contexto. Porque, si bien es verdad que esas cosas «oscuras» que se describen en el décimo tropo se le pueden presentar a cada quien de una manera distinta, así y todo formamos un único género humano en virtud de «afecciones inevitables» como la empatía y la benevolencia, de las cosas que se nos presentan cuando no tenemos los sentidos «impedidos», y de las enseñanzas de las artes y de las ciencias. Vemos, así, que no hacía falta posicionarse sobre la religión islámica para apoyar a las y los iraníes que hace unos años se sublevaron masivamente tras el asesinato islamista de una joven que llevaba mal colocado el velo, y de otros disidentes. Tanto más, cuanto que tales reacciones difícilmente caen en el fanatismo si no son manipuladas. Pues a los manifestantes, si se guían por sus propias «afecciones inevitables» —pero sin dejarse avasallar por ellas—, les resulta más fácil saber cuándo parar o cuándo invitar a sus compañeros a hacerlo.

Epílogo

La opinión común y el lenguaje de todos los días tienden a asimilar al escéptico pirroniano con el nihilista: con alguien que no cree en nada ni en nadie. Pero no es exactamente así. Un escéptico pirroniano sencillamente acepta que él no está en condiciones de definir la realidad intrínseca de las cosas —valores incluidos— y continúa indagando. Lo hace sin angustiarse y, entre medias, vive y actúa con base en cómo le parecen las cosas, sabiendo que a otros podrían parecerles distintas. Acepta, además, las sensaciones y emociones que las cosas provocan en él; se atiene a las indicaciones de las ciencias y de las artes, y sigue las leyes y costumbres de la tradición cuando no entran en conflicto con sus «afecciones inevitables». Conque no parece que una existencia pirroniana sea indiferente, ni triste o desesperada; ni inmoral, impracticable o incoherente. Se caracteriza, antes bien, por la apertura mental, por la empatía y por el pragmatismo, aparte de que apunta a fomentar y difundir la calma, la serenidad y la tranquilidad.

La cura pirrónica contra la desorientación y la ansiedad que la complejidad y discordancia del mundo suscita no ha entrado a formar parte de la idea que solemos hacernos del escepticismo (tal vez porque el poderío y la cantidad de los argumentos con los que Sexto ataca en sus escritos a la filosofía y a las ciencias «dogmáticas» han hecho sombra a los demás aspectos de su pensamiento). Una de las primeras y principales excepciones a ese destino de olvido es el filósofo escocés David Hume (1711-1776), quien retomó y reelaboró la parte, de algún modo, más constructiva del pensamiento de Sexto Empírico. Para Hume —resumiendo—, en la vida nos guían nuestros sentimientos y las creencias que nacen de la repetición de las experiencias. Los primeros nos guían desde el punto de vista moral; las segundas nos proporcionan los conocimientos empíricos necesarios para vivir y actuar en el mundo. Observando los comportamientos de los seres humanos, Hume concluye, en efecto, que lo que los mueve es el sentimiento de placer que espontáneamente los invade ante el bienestar y la felicidad de las otras personas. Considera, así, que el bienestar y la felicidad de una persona están ligados a los de las demás —de los cuales, de hecho, dependen—, y también que la empatía (*sympathy*) que se experimenta frente a la alegría ajena es lo que da origen a las distintas leyes, costumbres y marcos de referencia axiológicos de cada comunidad. Por lo demás, Hume no nos recomienda dejar el juicio totalmente en suspenso, pues hacer eso le parece una actitud coherente, pero extrema. Nos invita, antes bien, a mantener una disposición moderada respecto a nuestras creencias; las cuales dependen, en la medida en que se basan en la experiencia, sencillamente de la idea de que el futuro será igual que el pasado y son, por ende, un saber no seguro, sino probable.

Como observábamos al principio, sin embargo, pueden existir cosas de las que no tengamos experiencia previa, y sobre las cuales no estemos en condiciones de formarnos creencias (sobre todo si no somos científicos o filósofos, y si entre los científicos y los filósofos no hay acuerdo). En tales situaciones, cosas distintas y contradictorias se nos pueden seguir antojando igualmente plausibles. Y en tal caso no deja de parecer sensata la sugerencia de Sexto de suspender el juicio: de comportarnos serenamente con base en las indicaciones de la «vida corriente», y continuar indagando y debatiendo con calma y tranquilidad. En ese sentido podemos quizás concluir que, en cierta medida, muchos de nosotros somos ya pirronianos sin saberlo.

Lecturas para profundizar

Los tres libros de *Esbozos pirrónicos* o *Hipotiposis pirrónicas* de Sexto Empírico fueron editados en italiano por Antonio Russo para Laterza (*Lineamenti pirroniani*, 1978)[1], igual que los once libros del *Contra los profesores* (*Contro i professori*), que aparecieron subdivididos en *Contra los matemáticos* (*Contro i matematici*, 1972), *Contra los lógicos* (*Contro i logici*, 1975) y *Contra los físicos y*

---

1. En traducción al castellano véanse por ejemplo los *Esbozos pirrónicos*, introducción, trad. y notas de Antonio Gallego Cao y Teresa Muñoz Diego, Gredos, Madrid 1993 (Biblioteca Clásica Gredos, n.º 179); las *Hipotiposis pirrónicas*, ed. de Rafael Sartorio Maulini, Akal, Torrejón de Ardoz (Madrid) 1996; la antología *Por qué ser escéptico. Textos del «Compendio de escepticismo» de Sexto Empírico*, selección, trad. y comentario de Martín Sevilla Rodríguez con presentación de Luis Manuel Valdés Villanueva, Tecnos, Madrid 2009, y *El arte de cultivar una mente abierta. Un manual de sabiduría clásica para vivir con la serenidad de un escéptico*, trad. de Jacinto Pariente con introducción de Richard Bett, Kōan, Badalona (Barcelona) 2022. *(N. del T.)*

contra los moralistas (*Contro i fisici e contro i moralisti*, 1990). El *Contra los éticos* fue traducido y comentado luego por Emidio Spinelli para Bibliopolis (*Contro gli etici*, 1995), igual que, más adelante, el *Contra los astrólogos* (*Contro gli astrologi*, 2000)[2].

Pirrón no escribió nada, pero los testimonios sobre su vida y sobre su pensamiento fueron recopilados, traducidos al italiano y comentados por Fernanda Decleva Caizzi en *Pirrone. Testimonianze*, Bibliopolis, Nápoles 1981. Esta monografía, ya inencontrable, se ha reeditado en *Pirroniana*, Led, Milán 2020 (consultable también en línea)[3].

De Timón existe una traducción italiana de los *Silos* —titulada *Silli*— realizada por Massimo Di Marco y publicada por Edizioni dell'Ateneo, Roma 1989[4].

Testimonios sobre Enesidemo, Agripa y la medicina antigua —textos, por ejemplo, de Celso y Galeno— se

2. En traducción al castellano véanse por ejemplo *Contra los profesores. Libros I-VI*, introducción, trad. y notas de Jorge Bergua Cavero, Gredos, Madrid 1997 (Biblioteca Clásica Gredos, n.º 239), y *Contra los dogmáticos*, introducción, trad., notas e índices de Juan Francisco Martos Montiel, Gredos, Madrid 2012 (Biblioteca Clásica Gredos, n.º 401). *(N. del T.)*

3. En castellano véanse por ejemplo Ramón Román Alcalá, *Pirrón de Élide (360-5 a. C.-270 a. C.)*, Ediciones del Orto, Madrid 2010 (Biblioteca Filosófica, n.º 126; incluye «Selección de textos»), y Pierre Bayle, *Pirrón* (*i.e.* la entrada homónima del *Dictionnaire historique et critique*), trad. esp. e introducción de Fernando Bahr, KRK, Oviedo 2007 (Cuadernos de pensamiento, n.º 4). *(N. del T.)*

4. En castellano véase el apartado «Timón de Fliunte» en *Poesía helenística menor (poesía fragmentaria)*, introducción, trad. y notas de José A. Martín García, Gredos, Madrid 1994 (Biblioteca Clásica Gredos, n.º 193), pp. 384-421. *(N. del T.)*

encuentran en Antonio Russo, *Scettici antichi*, Utet, Turín 1978[5]. El mismo año apareció *Galeno. Opere scelte*, ed. de Ivan Garofalo y Mario Vegetti (de nuevo con la editorial Utet)[6].

En lo que se refiere a la literatura secundaria, aquí no es posible consignar los numerosísimos artículos aparecidos en las revistas especializadas, como tampoco los estudios escritos en otros idiomas sobre el escepticismo antiguo, conque nos limitaremos a indicar, en orden cronológico, las monografías y los volúmenes colectivos publicados en italiano.

Introducciones al pensamiento de los escépticos antiguos —pirronianos y no solo— se encuentran en A. Russo, *Scettici antichi*, *op. cit.*

Sigue siendo fundamental la *Storia dello scetticismo greco* de Mario Dal Pra, publicada por Laterza en 1950 y reimpresa tanto en 1975, como en 1989[7].

Importantes estudios sobre una serie de aspectos o cuestiones del escepticismo antiguo —incluidas sus relaciones con la medicina— fueron editados por Gabriele Giannantoni en *Lo scetticismo antico. Atti del convegno organizzato dal Centro di studio del pensiero antico*

5. En castellano véase por ejemplo Ignacio Pajón Leyra, *Los supuestos fundamentales del escepticismo griego*, Escolar y Mayo, Madrid 2013. *(N. del T.)*
6. Las obras de Galeno se pueden encontrar traducidas al castellano en los números 248, 301, 305, 313 y 389 de la Biblioteca Clásica Gredos. *(N. del T.)*
7. *Cf.* Maria Lorenza Chiesara, *Historia del escepticismo griego*, trad. cast. de Pedro Bádenas de la Peña, Siruela, Madrid 2007. *(N. del T.)*

del C.N.R. a Roma 5-8 novembre 1980, Bibliopolis, Nápoles 1981. Junto con Mario Vegetti, Gabriele Giannantoni editó también *La scienza ellenistica. Atti delle tre giornate di studio tenutesi a Pavia dal 14 al 16 aprile 1982*, Bibliopolis, Nápoles 1984. Mario Vegetti se dedicó durante mucho tiempo a la medicina antigua, y especialmente esclarecedor resulta para la época que aquí nos interesa su trabajo «Tra il sapere e la pratica: la medicina ellenistica», incluido en *Storia del pensiero medico occidentale*, ed. de Mirko D. Grmek, Laterza, Roma / Bari 1993[8].

Tras la reimpresión del trabajo pionero de Luigi Credaro *Lo scetticismo degli Accademici*, Cisalpino, Milán 1985, de ese tema se ocupó en particular Anna Maria Ioppolo en *Opinione e scienza. Il dibattito tra Stoici e Accademici nel III e nel II secolo a. C.*, Bibliopolis, Nápoles 1986.

Actualizaciones con base en los estudios especializados posteriores —italianos y no solo—, se pueden encontrar en Maria Lorenza Chiesara, *Storia dello scetticismo antico*, Einaudi, Turín 2003.

Del mismo año son Sara Magrin, *Scetticismo e fenomeno in Sesto Empirico: la critica ai grammatici e ai retori*, Bibliopolis, Nápoles 2003, y Mauro Bonazzi, *Academici e platonici. Il dibattito antico sullo scetticismo di Platone*, Led, Milán 2003.

---

8. De M. Vegetti véase, en castellano, *Los orígenes de la racionalidad científica. El escalpelo y la pluma*, trad. de Concha San Valero, Península, Barcelona 1981. *(N. del T.)*

Emidio Spinelli publicó luego un panorama general del pensamiento de Sexto en *Questioni scettiche*, Lithos, Roma 2005.

Tras ello se editaron las lecciones sobre los cinco tropos de Agripa que Jonathan Barnes pronunciara en el Istituto Italiano per gli Studi Filosofici de Nápoles entre el 11 y el 15 de abril de 1988 bajo el título *Aspetti dello scetticismo antico*, La Città del Sole, Nápoles 2006.

Para los escépticos modernos y contemporáneos citados, siguen siendo lecturas accesibles e interesantes tanto el *Tratado de la naturaleza humana* (1739-1740)[9] y la *Investigación sobre el conocimiento humano* (1748)[10] de David Hume, como los *Ensayos escépticos* de Bertrand Russell[11].

Estudios sobre el escepticismo no solo antiguo, sino también de la Edad Moderna y de la Edad Contemporánea, fueron reunidos por Mario De Caro y Emidio Spinelli en la monografía colectiva *Scetticismo, una vicenda filosofica*, Carocci, Roma 2007. Sobre la recepción del escepticismo crean escuela los trabajos de Richard Popkin, de quien véanse *La historia del escepticismo desde Erasmo hasta Spinoza*[12], y *Skeptical Philosophy for*

9. Véase prólogo y notas de Jaime de Salas Ortueta en Alianza Editorial, Madrid 2015. *(N. del T.)*
10. Véase, con estudio preliminar, trad. y notas de Félix Duque en Tecnos, Madrid 2008. *(N. del T.)*
11. Véase, con trad. de Miguel Pereyra, Tomás Fernández Aúz y Beatriz Eguibar en RBA, Barcelona 2013. *(N. del T.)*
12. Trad. de Juan José Utrilla para Fondo de Cultura Económica, México 1983. *(N. del T.)*

Everyone[13], donde se profundiza en el tema del papel crucial del escepticismo en el desarrollo de la filosofía y de las ciencias, así como para la vida democrática. En este último punto, recientemente se detuvo también Spartaco Pupo con *Lo scetticismo politico. Storia di una dottrina dagli antichi ai giorni nostri*, Mimesis, Milán / Údine 2020, distanciándose, de algún modo, de las críticas que dirigiera al escepticismo pirroniano Martha Nussbaum en el octavo capítulo de *La terapia del deseo. Teoría y práctica en la ética helenística*[14].

Una bibliografía internacional específica, bastante completa y continuamente actualizada se encuentra en la web *sites.google.com/site/diegomachuca/bibliography-on-skepticism*, mantenida por Diego E. Machuca.

Para una reflexión actual y fácil de entender sobre algunos temas planteados en el presente libro, pueden leerse, entre tantos títulos disponibles, Bernard Williams, *La ética y los límites de la filosofía*[15]; Gustavo Zagrebelsky, *Il diritto mite*, Einaudi, Turín 1992[16]; Norberto Bobbio, *Elogio della mitezza e altri scritti morali*, Pratiche, Milán 1994 y 1998 (reeditado en Il Saggiatore,

---

13. Prometheus Books, Amherst (Nueva York) 2002. *(N. del T.)*
14. Trad. de Miguel Candel para Paidós, Barcelona 2003. *(N. del T.)*
15. Trad. de Sergi Rosell —con prólogo de Jonathan Lear y comentario de A. W. Moore— para Cátedra, Madrid 2016. *(N. del T.)*
16. Trad. de Marina Gascón, *El derecho dúctil. Ley, derechos, justicia*, Trotta, Madrid 1997. *(N. del T.)*

Milán 2014)[17]; Corrado Ocone, *Liberalismo senza teoria*, Rubettino Editore, Soveria Mannelli 2013, y Naomi Oreskes, *¿Por qué confiar en la ciencia?*[18]

17. Trad. de Francisco Javier Ansuátegui Roig y José Manuel Rodríguez Uribes, *Elogio de la templanza y otros escritos morales*, Temas de Hoy, Madrid 1997. *(N. del T.)*
18. Trad. de Pablo A. Marquet y Ana B. Figueroa para Ediciones Universitarias de Valparaíso, Valparaíso 2022; de la misma autora en castellano, véase también *Mercaderes de la duda. Cómo un puñado de científicos ocultaron la verdad sobre el calentamiento global*, trad. de José Manuel Álvarez-Flórez, Capitán Swing, Madrid 2018. *(N. del T.)*

Notas y fuentes

Prólogo

Es posible que los seis primeros libros del *Contra los profesores* —en griego *mathematikoi*, de donde viene la sigla M con la que es costumbre referirse al conjunto de los once libros— constituyeran un trabajo independiente que, de hecho, fuera el último en escribirse. La posición inicial que ahora ocupan estos seis libros, en su momento tal vez la ocupara una versión más extensa —hoy perdida— del libro primero de los *Esbozos pirrónicos*. Aquí, de todas formas, nos atenemos al orden que nos han transmitido los códices. Según los cuales, los seis primeros libros del *Contra los profesores* se ocupan de las llamadas «artes liberales»; los libros VII y VIII, de la lógica; el IX y el X, de la física; el XI, de la ética.

Sexto califica de «empíricas» sus *Memorias* en M VII 202, y de «médicas» en M I 61. Pero tampoco podemos excluir que se tratara de dos obras diferentes.

I. La «filosofía» de un médico

Sexto introduce, define y empieza a explicar su escepticismo en *Esbozos pirrónicos* I 1-30; las traducciones de las citas entrecomilladas son mías[1].

Que los animales perciben las cosas de maneras distintas que nosotros está en *Esbozos* I 40-78.

Según el erudito del siglo II d. C. Aulo Gelio (*Noches áticas* XI 5), no fue sino en los primeros años de dicho siglo II cuando algunos filósofos vinculados a la academia platónica —en particular el rétor Favorino— empezaron a presentarse también como escépticos. Resumiendo mucho, el punto de partida de los académicos fue mostrar la debilidad de las opiniones injustificadas (de manera no distinta a como hiciera Sócrates, el inspirador de Platón). Desde ahí, los académicos llegaron a la negación de cualquier posibilidad de conocer la realidad de manera cierta y segura con base en percepciones sensoriales lo bastante obvias como para ganarse la aquiescencia del intelecto, que era lo que propugnaban los estoicos. Y por último señalaron la posibilidad de alcanzar formas de conocimiento creíbles y persuasivas echando mano de procedimientos de control específicos que habrían de irse corrigiendo paulatinamente. Sexto marca distancias con los académicos sobre todo en *Esbozos* I 2-3 y 220-235, donde se lee que

---

1. En la presente edición española, dichas citas entrecomilladas se dan, por tanto, en traducciones castellanas *ad hoc* de las correspondientes traducciones italianas que nuestra autora ofrece. *(N. del T.)*

afirmar la imposibilidad de llegar a un conocimiento seguro y cierto de la realidad es hacer una afirmación autocontradictoria (salvo que se esté hablando en clave dialéctica, esto es, confutando la posición de los estoicos). Escribe Sexto asimismo que las cosas se le pueden presentar a cada quien de manera igual de creíble y persuasiva que a otro, y que eso impide la formación de opiniones o teorías más o menos plausibles sobre la realidad de las cosas. Para un breve panorama del escepticismo de los académicos, se puede leer E. Spinelli, «L'antico intrecciarsi degli scetticismi», en M. De Caro y E. Spinelli (eds.), *Scetticismo...*, *op. cit.* Profundizan más en la materia los estudios de L. Credaro, *Lo scetticismo degli Accademici*, *op. cit.*, y de A. M. Ioppolo, *Opinione e scienza...*, *op. cit.*

Las noticias sobre Pirrón y las traducciones de los testimonios que a él se refieren están sacadas de F. Decleva Caizzi, *Pirrone. Testimonianze*, *op. cit.* (véanse concretamente T6, T10, T11, T12, T15A y B, T17A y B, T53, T58-62). Aparte del biógrafo Antígono de Caristo —casi contemporáneo—, otra voz que relata lo excepcional de los comportamientos de Pirrón es la del filósofo estoico Posidonio (siglos II-I a. C.): «En una ocasión, quienes navegaban con él sucumbieron al pánico por una tempestad; pero él siguió sereno y recobró la entereza señalando a un cochinillo que iba a bordo y no dejaba de comer, tras lo que dijo que ese es el estado de imperturbabilidad en el que debe mantenerse el sabio». El mismo episodio refiere el filósofo platónico Plutarco (siglos I-II d. C.), quien habla precisamente de impasibilidad. Y a propósito de la actitud siempre modesta de Pirrón, el mismo Antígono de Caristo recién mencionado cuenta que aquel hombre jamás dejó de ocuparse de los quehaceres domésticos o de ir al mercado para echar una mano a su hermana, que trabajaba de partera y estaba siempre hasta arriba de trabajo. En vida de Pirrón, sin embargo, el pensamiento subyacente a tales actitudes ejemplares se mantuvo, en general, desconocido; y no solo porque él se abstuviera de embarcarse en discusiones filosóficas, sino también porque nunca escribió nada. Sería, en efecto, Timón —que se había convertido en su discípulo— quien difundiera el pensamiento del maestro, cosa que hizo no solamente en Atenas —la ciudad más rica y civilizada del mundo griego—, sino también en el norte de Grecia —en Tebas y en Pela— y en Asia Menor hasta llegar a Alejandría, la nueva metrópolis fundada por Alejandro Magno en Egipto. Allí sus libros terminaron penetrando en el ambiente médico de la ciudad —tal vez porque su hijo era médico— y circularon durante mucho tiempo. Pero no fue sino un par de siglos más tarde —estamos ya en la segunda mitad del siglo I a. C.— cuando el pirronismo fue devuelto a su auge como corriente de pensamiento, precisamente en Alejandría, por «un tal Enesidemo». Eso dice en Eusebio —*Preparación evangélica* XIV 18, 29— el aristotélico Aristocles, quien era de Mesene —nombre griego de Mesina, a la sazón una importante colonia griega—, pero parece que pasó algún tiempo en

Alejandría entre finales del siglo I a. C. y comienzos del siglo siguiente. Enesidemo, probablemente oriundo de Cnosos, parece que fue alumno de Heráclides de Tarento, exponente de una de las corrientes médicas con presencia entonces en aquella ciudad: la empírica. Entró en contacto también con algunos miembros de la academia platónica, pero lo cierto es que, con él, el pirronismo quedó asociado, de manera especialmente fructífera, con la escuela empírica de la medicina antigua. Dicha asociación se mantuvo activa durante más de un siglo, pasando de maestros a alumnos hasta llegar a Sexto, gran parte de cuyo pensamiento es, de hecho, una elaboración —a veces tácita— del pensamiento de Enesidemo, del cual desgraciadamente no poseemos ningún escrito, sino solo testimonios indirectos y circunscritos.

Que *todavía* no se ha logrado establecer la eventual correspondencia entre lo que se manifiesta y lo que es, Sexto lo afirma por ejemplo en *Esbozos* II 19 (cuando habla del criterio de verdad).

II. Las cosas «oscuras»

Es Aristocles de Mesene quien refiere, como ya hemos dicho —en Eusebio, *Preparación evangélica* XIV 18, 29—, que fue Enesidemo de Cnosos quien devolvió su auge, en Alejandría, al pensamiento de Pirrón. De los tropos «de Enesidemo» existen distintas versiones asociadas a sendas fuentes que los transmiten. Aquí hemos seguido la versión de Sexto en *Esbozos* I 36-163, pero también existe la de Filón de Alejandría (siglo I d. C.), la del propio Aristocles (activo, según los estudios más recientes, también en el siglo I d. C.) y la de Diógenes Laercio (siglos II-III d. C.).

En los límites de las generalizaciones inductivas, Sexto se detiene en el segundo libro de los *Esbozos* (II 204). De la diferencia entre el escepticismo pirroniano y el relativismo del sofista Protágoras —quien en el siglo V a. C. afirmaba que «el hombre es la medida de todas las cosas»— se ocupa, en cambio, en *Esbozos* I 216-217 y en M VII 60-65, donde dice que, si las cosas fueran como Protágoras afirma, la realidad estaría en constante transformación o, por lo menos, tendría muchas caras; y eso sería una teoría sobre las cosas «oscuras» que no tendría ninguna posibilidad de arrogarse la menor superioridad frente a la teoría contraria. En el mismo libro recién mencionado (M VII 388-400), Sexto combate también la afirmación —atribuida a Protágoras— de que «verdadero es aquello que a cada quien se lo parece», mostrando que, si tal afirmación es verdadera, habrá de serlo igualmente su contraria y se trata, así, de una afirmación autocontradictoria. En *Esbozos* II 80-96 —y luego de manera más difusa en M VIII 2-40—, nuestro autor afirma que el de lo verdadero es, se mire como se mire, un concepto «oscuro» que él les deja a los filósofos dogmáticos, ya que, para un pirroniano, lo que a cada cual le parece no es más verdadero que falso: es simplemente lo que a esa persona le parece en ese momento (y no, por tanto, «lo que le parece verdadero», sino lo que sencillamente se le presenta o se le manifiesta).

Los cinco tropos de los escépticos «más recientes» (*Esbozos* I 164-177) son atribuidos a Agripa por Diógenes Laercio (*Vidas y opiniones de los filósofos ilustres* IX 88). La circularidad de cualquier demostración de la existencia de lo verdadero está en *Esbozos* II 85, pero, en II 163, Sexto critica también el silogismo de Aristóteles, porque todos los hombres son mortales si Sócrates también lo es (y solamente en ese caso). Los dos tropos más «elementales» se describen en *Esbozos* I 178-179.

III. Desorientación y ansiedad

La anécdota de Apeles se narra en *Esbozos* I 28-29. Que el estímulo que mueve a los escépticos no es el deseo de conocer la «verdad de las cosas», sino el de vivir con la mayor serenidad posible, eso está ya en *Esbozos* I 12 y 25-26. Que los escépticos nunca dan por concluidas sus indagaciones aparece, por ejemplo, en *Esbozos* I 1 (nada más empezar el texto). El más famoso de quienes han dudado y dudan de que la *skepsis* pueda llevar a un estado de tranquilidad y serenidad a través de la suspensión del juicio es el filósofo escocés del siglo XVIII David Hume. Que los discursos pirronianos son curas más o menos molestas contra el dogmatismo es la conclusión del tercer y último libro de los *Esbozos*. Que todas las expresiones escépticas no son sino manifestaciones de cómo las cosas le parecen a quien habla —y en el momento en el que habla—, está sobre todo en *Esbozos* I 187-209; pero Sexto ya circunscribe el alcance de las afirmaciones escépticas en *Esbozos* I 4 y 13-20. La comparación del escepticismo con los purgantes está en *Esbozos* I 206 y II 188, así como en M VIII 480; es posible que apareciera ya en Enesidemo, teniendo en cuenta que también habla de tal comparación Aristocles de Mesene (en Eusebio, *Preparación evangélica* XIV 18, 21). Al final del segundo libro dedicado a los lógicos en *Contra los profesores* se encuentra otra metáfora, la de la escalera, que se hizo famosa tras retomarla Ludwig Wittgenstein (1889-1951) en la proposición 6.54 su *Tractatus logico-philosophicus*[2]. En M VIII 481 leemos, en efecto, que, «así como no es imposible que, quien sube a lo alto de una escalera, después de usarla la derribe con un golpe del pie, tampoco es imposible que el escéptico, después de concluir su razonamiento mediante una escala —es decir: mediante un discurso que muestra que no existe demostración—, en ese momento destruya también su discurso».

La acusación de que los pirronianos incurren en una serie de contradicciones se encuentra ya en el *De*

---

2. Del cual hay trad. cast. de Jacobo Muñoz e Isidoro Reguera en Alianza Editorial, Madrid 2023. *(N. del T.)*

philosophia de Aristocles de Mesene, que también retoma —en Eusebio, *op. cit.* XIV 18, 12-26— las antiguas objeciones aristotélicas dirigidas a Protágoras. Que el escepticismo no es una «escuela» está en *Esbozos* I 16-17. El propósito «filantrópico» —esto es: caritativo y terapéutico— del escéptico pirroniano está descrito en *Esbozos* III 280-281. Las citas sobre la «imperturbabilidad en las cosas opinables» y sobre la «moderación en las afecciones que no se pueden evitar» están tomadas de *Esbozos* I 29-30, pero los mismos razonamientos aparecen también en el tercer libro de la misma obra (235-237). Que la muerte no representa un mal siempre y en cualquier caso, lo encontramos en *Esbozos* III 226-232. Que las turbaciones crean infelicidad porque nacen del afán de obtener algo o de evitarlo, se explica bien asimismo en M XI 110-167, donde también se muestra que el escepticismo puede procurar una vida feliz. Aquí encontramos afirmaciones más rotundas de lo habitual —«No existen bienes y males por naturaleza»— que probablemente se remonten a Enesidemo y que o bien son dialécticas, o bien reflejan el convencimiento de este último de que los objetos del pensamiento, a diferencia de las sensaciones, carecen de existencia real. Que, para Enesidemo, el de la imperturbabilidad era un estado grato lo refiere de nuevo Aristocles de Mesene (en Eusebio, *op. cit.* XIV 18, 4).

IV. La vida de todos los días

La cita de Sexto sobre vivir «según las cosas aparentes» está sacada de *Esbozos* I 23-24, pero el concepto se repite varias veces a partir, por ejemplo, de *Esbozos* I 17. Probablemente mucho de esto estuviera ya en Enesidemo, dado que Aristocles de Mesene hace alusiones al respecto en clave polémica —siempre en Eusebio, *Preparación evangélica* XIV 18, 20—, y Diógenes Laercio afirma —en *Vidas y opiniones de los filósofos ilustres* IX 106— que Enesidemo «se guiaba por las cosas que iban apareciendo».

Que «el fuego calienta por naturaleza» se lee en M XI 69, mientras que de los distintos efectos del fuego, Sexto habla en M VIII 192-197. Que las cosas se les presentan del mismo modo a cuantos se hallan en las mismas condiciones —o, mejor dicho, a quienes tienen los sentidos «no impedidos»—, se lee en M VIII 37, 215-218 y 234-241. De «solidaridad biológica» habla, por ejemplo, Sossio Giametta, quien sostiene que, sin ese vínculo, «el individuo es impensable, ya que la acción moral no es una acción dictada desde lo alto o desde fuera, sino esa acción "centrípeta" con la que el hombre persigue la búsqueda de un bien coincidente con el bien de la especie» (suplemento dominical de *Il Sole 24 Ore*, 6 de noviembre de 2022, p. 6). Que el escéptico no vive como una planta y reacciona frente al tirano está en M XI 165-166. Aquí la expresión «según la coyuntura» (*tychon*) subraya el carácter pragmático y siempre revisable del comportamiento pirroniano, mientras que el término «interiorización» (*prolepsis*) quiere decir que, creciendo en determinada sociedad —con sus leyes y costumbres—, nos formamos un cuadro de valores de referencia con base en el cual comportarnos, semejante al que aprendemos ejerciendo un arte o una ciencia. El ejemplo del tirano lo trata también Diógenes Laercio en *Vidas y opiniones de los filósofos ilustres* IX 107-108. En *Esbozos* I 24 se encuentra la afirmación de que, conforme a las leyes y a las tradiciones, consideramos un bien cumplir con los cultos religiosos; y en *Esbozos* III 2, la de que un pirroniano afirma de manera «no dogmática» que los dioses existen y cumple con el culto a los mismos reconociendo, también, la providencia divina. Justo después, Sexto polemiza contra la temeridad de los dogmáticos en materia de religión y los mismos argumentos se desarrollan en M IX 11-194, donde se menciona asimismo la «cautela» del pirroniano al respecto (M IX 49). El discurso introductorio contra la profesorización —por así decir— de las *technai* en general se encuentra al comienzo del libro primero del *Contra los profesores*, mientras que los tratamientos de las distintas disciplinas están en los correspondientes libros de dicha obra. Sexto especifica que el escéptico no se ocupa de estudiar la naturaleza en *Esbozos* I 18.

V. Las ciencias

Sobre la medicina antigua nos informan sobre todo el tratado *De medicina*, del enciclopedista Aulo Cornelio

Celso —activo en la primera mitad del siglo I d. C.—, y las obras del médico Galeno —del siglo II d. C.—, concretamente su obra sobre las distintas corrientes de la medicina antigua —*De sectis*—, la dedicada al empirismo —*Subfiguratio empirica*— y la que se ocupa del método terapéutico —*De methodo medendi*—, textos contenidos todos en A. Russo, *Scettici antichi, op. cit.* Un anatomista innovador fue, por ejemplo, Herófilo de Calcedonia, mientras que Erasístrato de Ceos elaboró la teoría del *pneuma*. Entre los empíricos más célebres figuran, en primer lugar, Filino de Cos y Serapión de Alejandría; luego Heráclides de Tarento y Menódoto de Nicomedia, poco anterior a Sexto.

Los empíricos volvían, de algún modo, a los orígenes de la práctica médica, que en la segunda mitad del siglo V a. C. se había desligado tanto de la práctica religiosa —para la cual las curaciones eran obras de los dioses gestionadas por sacerdotes remunerados—, como de la práctica filosófica, que entendía que el ser humano estaba compuesto por los cuatro elementos que constituyen el universo y son el fuego, el aire, la tierra y el agua (con las correspondientes cualidades de lo caliente, lo frío, lo sólido y lo fluido). La praxis médica laica, llamada «hipocrática» por el nombre de su principal exponente, derivaba, en cambio, de la observación de que el cuerpo humano lo regían cuatro fluidos o humores elementales, a saber: la sangre, que viene del corazón; la bilis negra, que viene del hígado; la bilis amarilla, que viene de la vesícula biliar, y la *flegma* (flema), que se genera en los pulmones y se expulsa por la nariz o por la garganta. El médico debía mantener en armonía y equilibrio estos fluidos, observando sus salidas —epistaxis, excrementos, catarro— y controlando la adecuación de las correspondientes entradas de comida, bebidas e incluso aire, pero practicando también purgas, sangrías y amputaciones. Los médicos empíricos llamaban a la observación directa *autopsia* (en el sentido de «ver con los propios ojos»); a la documentación de las observaciones de los médicos anteriores, *historia*, y, a la posibilidad de extender su saber práctico con base en semejanzas apreciadas entre distintos casos, *homoiou metabasis*. El razonamiento probabilista sobre las causas momentáneamente no observables se denominaba *epilogismos* y se basaba en las indicaciones de los llamados «signos rememorativos» (como la presencia de un humo que indica la existencia de un fuego que todavía no es visible).

Las críticas al concepto de causalidad «dogmática», que explicaba los fenómenos evidentes con base en algo no evidente —como hacían los llamados «signos indicativos»—, son expuestas por Sexto en *Esbozos* I 180-186 y se remontan, una vez más, a Enesidemo y a otra serie de ocho tropos específicos sobre el argumento. También estos presentan algunos planteamientos que siguen siendo interesantes hoy en día. Concretamente el segundo tropo, que depende del hecho de que a menudo, aun existiendo la posibilidad de atribuir varias explicaciones causales al mismo fenómeno, algunos lo explican de una única manera; o bien el quinto, que depende del hecho de que casi todo el mundo ofrece explicaciones causales sobre la base de sus propias hipótesis para los elementos últimos de las cosas, y no sobre la base de algún método común y compartido; o bien el sexto, que depende del hecho de que a menudo adoptamos explicaciones a las que es posible llegar desde las hipótesis que hemos dado por buenas, negándonos a considerar cualquier explicación que entre en conflicto con dichas hipótesis aunque sea igual de plausible.

Sobre los últimos desarrollos de la medicina empírica se detiene Galeno en su *Subfiguratio empirica* (sobre todo XI 82-84 y XII). La teoría atomista la reelabora Asclepíades de Bitinia (siglos II-I a. C.). El paso en el que Sexto toma cierta distancia frente al empirismo médico y muestra una disposición abierta hacia los planteamientos de los metódicos está en *Esbozos* I 236-241. Quien verdaderamente fundó la corriente metódica parece que fue Temisón de Laodicea (activo a finales del siglo I a. C.). De los «teoremas» del empirismo, Sexto habla, por el contrario, en términos positivos en M VIII 291 (en el contexto de la discusión sobre los «signos rememorativos»). En el hecho de que en dichos signos fían lo mismo los empíricos que los escépticos pirronianos, Sexto insiste sobre todo en *Esbozos* II 100-102 y en M VIII 143, 156-158 y 289. La vida auténticamente pirroniana se califica de «empírica» en *Esbozos* II 246. La existencia de una astronomía empírica es reconocida por Sexto en el arranque de su tratado contra los astrólogos (M V 1-2) y más adelante en el mismo libro (M V 104). Vestigios de empirismo hay también al comienzo del *Contra los profesores* (M I 49-53) y en la parte relativa a los expertos en gramática (M I 61). Sexto califica de «empíricas» sus *Memorias* en M VII 202.

VI. Las pseudociencias

Los argumentos de Sexto contra la astrología se encuentran en el libro quinto del *Contra los profesores* (M V 43-106). Algunos de tales argumentos se remontan a la polémica antiestoica habida en el ámbito de la academia platónica a partir del siglo II a. C. También se encuentran en las obras de Cicerón (siglo I a. C.) *De natura deorum* y *De divinatione*, así como en las reflexiones de Favorino recogidas en Aulo Gelio (*Noches áticas* XIV 1, 36). El descubrimiento de la precesión de los equinoccios probablemente deba atribuirse al astrónomo Hiparco de Nicea, que vivió en el siglo II a. C.; pero ya Platón hablaba, en el *Timeo* (39 d), de un «gran año» o «año perfecto» con referencia al retorno de los planetas y las estrellas a sus posiciones iniciales relativas. Una práctica no dogmática de la astrología —como arte susceptible de error y no como ciencia comparable a la astronomía— parece que fue seguida por el astrónomo Tolomeo, algo mayor que Sexto (muere en Alejandría después del año 170 d. C.).

VII. La convivencia democrática

Este capítulo repasa a grandes rasgos el libro segundo del *Contra los profesores*. La templanza de los escépticos pirronianos se evoca también en Diógenes Laercio, *Vidas y opiniones de los filósofos ilustres* (IX 108). La cita de Bertrand Russell está sacada de *id.*, *Saggi scettici*, Longanesi, Milán 2011, p. 3.

Epílogo

Que un pirroniano no excluye que algunas cosas puedan ser cognoscibles está en *Esbozos* I 226; que no toma en serio convicciones «oscuras» de tipo nihilista, en *Esbozos* II 57-64 y en M VII 65-87, donde Sexto critica aquella afirmación de «El ser no es» que pronunciara el sofista Gorgias de Leontinos (siglo V-IV a. C.). El escepticismo de Hume está expuesto en el *Tratado de la naturaleza humana* (1739-1740) y en la *Investigación sobre el conocimiento humano* (1748), *op. cit.* Hume toma el concepto de «probable» de la reflexión llevada a cabo, en el ámbito de la academia de Platón, sobre todo entre los siglos III y I a. C. Como se ha dicho, algunos académicos consideraban que no era posible tener un conocimiento cierto y seguro de la realidad, pero que a través de procedimientos de control específicos sí que cabía llegar a formas de conocimiento creíbles y convincentes las cuales podrían ir luego, poco a poco, corrigiéndose. El adjetivo griego que significa «creíble y convincente» (*pithanos*) se tradujo después al latín como *probabilis*, que significa «aquello que se puede probar, que es verosímil»; y en las lenguas modernas se ha convertido en lo «probable», esto es, en «aquello que sucede con frecuencia». Antes de Hume, el «escepticismo» de los académicos ya había llegado hasta Agustín de Hipona (siglos IV-V d. C.) a través de la obra del romano Cicerón, quien de dicha corriente había hablado concretamente en las *Cuestiones académicas*, en el *De finibus bonorum et malorum* y en el *De natura deorum*. Después de introducirse en los debates teológicos de la Edad Media —para mostrar la necesidad de abandonarse a la fe—, esta forma más suave de escepticismo tuvo especial incidencia en la lógica y en la teoría del conocimiento de Juan de Salisbury (siglo XII) y entre los filósofos de la naturaleza del Renacimiento tardío. A partir de la segunda mitad del siglo XIX, dio origen a distintas formas de verificacionismo, falsacionismo y probabilismo que han convencido a muchos epistemólogos y filósofos de la ciencia más que el empirismo de Sexto. En cuanto a este último, aunque por el mundo tardoantiguo y bizantino circulaban ampliamente noticias indirectas sobre el pirronismo antiguo, sus escritos siguieron siendo en general desconocidos en Occidente hasta el siglo XV, cuando alguien llevó a Florencia un manuscrito griego de los *Esbozos* que había comprado en Constantinopla, y dicho texto fue traducido hacia la mitad del siglo siguiente, haciéndose lo propio a continuación con el *Contra los profesores*. Los trabajos de Sexto, usados inicialmente como fuente de informaciones sobre la filosofía griega, más adelante contribuyeron a desalentar, por ejemplo en las obras de Montaigne (1533-1592), sobre las posibilidades cognoscitivas humanas frente a la fe. Posteriormente, ante los desarrollos de las ciencias y ante la necesidad de refundar estas tras la crisis del aristotelismo en el que reposaban, la duda pirrónica, que es como entonces llamaban a la *skepsis*, cobró unas proporciones gigantescas y se extendió, incluso, a la existencia misma del mundo exterior y de los objetos externos a nosotros: una duda totalmente teórica que, planteada en particular por Descartes (1596-1650), ocupó durante mucho tiempo a la filosofía occidental de la Edad Moderna y Contemporánea y la sigue ocupando. Después de Hume, se hizo cargo del desafío pirroniano a nuestras posibilidades de conocer el mundo exterior, en el siglo XVIII, sobre todo Kant —quien, resumiendo mucho, hizo suyo el ataque pirrónico a la presunción dogmática, pero trató de oponerse a esta apelando a la indubitabilidad de nuestras percepciones y a las garantías que nos proporcionan las categorías espaciotemporales que todos compartimos—, y, con el cambio de siglo, Hegel, quien, de nuevo simplificando mucho, considera al escepticismo el primer paso de la filosofía, un momento necesario del pensamiento que contiene en sí las condiciones de su superación, porque la duda es siempre duda de algo. Tras el paréntesis nihilista de Nietzsche, en el siglo XX retoman el desafío epistemológico del pirronismo los filósofos de la certidumbre y del sentido común (por ejemplo Moore y Wittgenstein). Pero el problema del escepticismo también lo acometen la fenomenología, el existencialismo, la hermenéutica y el deconstruccionismo. En el ámbito analítico sigue habiendo, todavía hoy, formas de pesimismo no solo epistemológico, sino también moral. (No es solamente que no se pueda saber qué está bien y qué está mal, sino que además, aun sabiéndolo, se podría querer ignorar). A tales formas de pesimismo se contraponen objeciones de naturaleza en general pragmática y naturalista que, en última instancia, se remontan, respectivamente, a Kant y a Aristóteles, para los cuales, en esencia, la única manera de vivir una vida buena y una buena vida era vivir conforme al principio de no hacer a los demás aquello que no querríamos nos hicieran a nosotros (Kant), y ejerciendo las virtudes del carácter (Aristóteles).

Agradecimientos

Quisiera dar las gracias, en primer lugar, a Andrea Bosco por pedirme que escribiera este librito y por ayudarme pacientemente a encontrar el registro mejor. Un agradecimiento enorme va igualmente para Angelica Taglia por leer y comentar las primeras versiones —dándome valiosísimos consejos—, y a Laura Zarri, cuya redacción y disponibilidad no fueron menos valiosas. Y muchísimas gracias también a Bianca, Carlo, Davide, Gheli y Michele, a quienes he comprometido e importunado en distintas medidas y ocasiones. Naturalmente, la única responsable de cuanto ha quedado «oscuro» soy yo.

Dedico este libro a mi hermana, que es médico, igual que Sexto.